das detox-kochbuch

Bildnachweis:

Peter Barci (Cover, Rezeptfotos, S. 4, S. 134)

Irene Schaur: Autorenfoto Umschlagrückseite

iStockphoto.com: alle restlichen Bilder

ISBN 978-3-7088-0594-8   Kneipp-Verlag-Taschenbuch

Copyright:	Kneipp-Verlag GmbH und Co KG
	A-1010 Wien, Lobkowitzplatz 1
	www.kneippverlag.com, www.facebook.com/KneippVerlagWien
Autor:	Dr. Christian Matthai
Lektorat:	Mag. Eva Manhardt
Korrektorat:	Franz Ebner
Nährwertberechnung:	Mag. Michaela Adamowitsch
Cover:	Lisa Matthai (Entwurf), Christian Graf-Simpson (Taschenbuchausgabe)
Grafik:	Linea.art Wien
Druck:	Theiss GmbH, A-9431 St. Stefan
	Printed in Austria

1. Auflage, April 2013

Dr. Christian Matthai

das detox-kochbuch

entgiften und dabei abnehmen

Mit Rezeptfotos von Peter Barci

kneipp verlag
WIEN

Danksagung

Die Idee eines Detox-Kochbuches stammt nicht von mir. Ich folge lediglich dem Wunsch meiner Patienten und Leser, die mich stetig dazu animierten, ihnen mehr Rezeptideen zu liefern. Ein Themen-Kochbuch stellt eine große Herausforderung dar, der ich ohne die Hilfe verschiedener Menschen vermutlich nicht gewachsen gewesen wäre.
Aus diesem Grund möchte ich mich bei einigen Menschen bedanken.
Ich bedanke mich …

… bei meiner Familie und meinen Freunden. Einige von ihnen „mussten" sich erneut als Versuchskaninchen für die Rezepte zur Verfügung stellen. Ich schickte dabei wieder voraus, dass sie mit mir hart ins Gericht gehen sollten, da Kritik ein wichtiges Feedback für mich sei. Und auch bei diesem Buch hat es sich bewahrheitet, dass Freunde einander alles sagen können (sollten). Ich danke euch für eure „gnadenlose" Offenheit!
… bei all meinen Patienten, die mich durch ihr reges Interesse am Thema „Detoxing" und ihr stetes Fordern von neuen Rezeptideen zu diesem Kochbuch bewogen haben. Danke für das Zeichen und euer Bemühen um ein gesünderes Leben!
… bei meiner Lektorin Frau Mag. Eva Manhardt, die mich in gewohnter Art und Weise perfekt angeleitet, korrigiert und wunderbar ergänzt hat. Die wiederholte Zusammenarbeit im „Detox-Team" hat mir viel Freude bereitet.

… bei dem wichtigsten Menschen in meinem Leben, meiner Frau Lisa. Da wir die letzten Monate unzählige Stunden gemeinsam in der Küche verbracht haben, uns nebenbei intensiv mit dem Kreieren neuer Rezepte beschäftigten und diese dann natürlich auch gemeinsam verkostet haben, kann ich nicht mehr von „Unterstützung bei diesem Buchprojekt" sprechen. Nein, Lisa ist ein Teil dieses Buches. Lisa, ich danke dir von ganzem Herzen für dein Interesse an meiner Arbeit! Und ganz nebenbei stammt auch dieses Mal das Buchcover wieder aus Lisas Hand.

Desserts 123

Vorwort

Ran an die Bouletten!

Zurücklehnen und lesen gehört der Vergangenheit an. Nun geht's ran an die Bouletten!

Nachdem es in meinen letzten beiden Büchern „Detox your Life" und „Schlank durch Hormonbalance" viel um die Theorie von Gesundheitserhaltung und Figurbewusstsein ging, möchte ich nun gemeinsam mit Ihnen den Schritt in die Praxis wagen. Durch das Buch „Schlank durch Hormonbalance" wurden Sie schon sehr aktiv, denn Sie haben regelmäßige Bewegung als festen Bestandteil in Ihr Leben integriert. Und das ist fantastisch! Ich bin wirklich stolz auf Sie! Und Sie sollten es auch sein. Sehen Sie den Sport als einen lebensnotwendigen Fixpunkt in Ihrem Alltag. Wenn Sie körperliche Betätigung nicht mehr als Belastung und ungeliebte Anstrengung sehen, sondern als Chance für ein langes gesundes Leben begreifen, dann haben Sie gewonnen. Aber nun zurück an den Herd.

Viele meiner Leserinnen und Leser bzw. Patientinnen und Patienten haben mit Begeisterung die Rezepte meiner letzten Bücher nachgekocht und sie als sehr gelungen bewertet. Als passionierter Hobbykoch habe ich diese Komplimente immer mit viel Freude entgegengenommen. Doch die Freude währte nur kurz, denn es kam regelmäßig der Nachsatz: „Es sind zu wenige Rezepte. Wir bräuchten mehr Ideen und Anregungen. Möchten Sie nicht einmal ein ganzes Kochbuch herausbringen?" Wie gewünscht, so geschehen.

Kochen bedeutet für mich: Genuss, Entspannung, Freude, Sinnlichkeit und natürlich Gesundheit. Wer kocht, beschäftigt sich zwangsläufig mehr mit Lebensmitteln. Und wer sich mehr mit Lebensmitteln beschäftigt, der entwickelt auch mehr Interesse an dem, was die Nahrung alles in unserem Körper bewirken kann. Menschen, die das tun, haben ein ganz anderes Gesundheitsbewusstsein als Menschen, die jeden Tag essen gehen.

Lassen Sie sich von mir an der Hand nehmen und in Ihre Küche begleiten. Ich verspreche Ihnen, es wird Spaß machen, es wird schnell gehen, es wird nicht kompliziert, dafür aber gesund sein und – das Wichtigste – es wird Ihnen schmecken!

In diesem Sinne: „Ladies and Gentlemen, start your engines! Ran an den Herd – und guten Appetit!"

Ihr Christian Matthai

einleitung

*De*light your Life!

Das Wort „delight" kommt aus dem Englischen und bedeutet als Hauptwort übersetzt so viel wie Freude, Lust oder Vergnügen. Im kulinarischen Sinne versteht man darunter einen „Gaumenschmaus", und als Zeitwort verwendet, möchte man mit delight „jemanden entzücken".

Für mich hat *DE*LIGHT eine ganz spezielle Bedeutung. Das „DE" steht für Detox und das LIGHT für die leichte, figurbewusste Küche. Meine Philosophie in Bezug auf Ernährung und Essen spiegelt sich in diesen beiden Themen wider. Denn wie lautet der Wunschgedanke des Ernährungsmediziners? „Möglichst gesund und möglichst leicht (kalorienbewusst) soll das Essen sein!"

Die Top-10-Ansprüche, die ich an meine Rezepte stelle:

1. Die Speisen müssen Ihnen schmecken.
2. Das Auge isst mit! Die Gerichte sollen Sie optisch ansprechen.
3. Die Zubereitungszeiten halten sich in einem vernünftigen Rahmen.
4. Die Zubereitung ist einfach und nachvollziehbar.
5. Die Zutaten sind für jeden leicht erhältlich.
6. Alle Speisen sind mit Herz zubereitet und mit Kreativität gewürzt.
7. Alle Lebensmittel beeinflussen Ihre Gesundheit positiv.
8. Alle Gerichte sind leicht und kalorienbewusst.
9. Die Rezepte enthalten Detox-Komponenten, die Ihnen beim Entgiften helfen.
10. Es sollten so oft wie möglich regionale und saisonale Produkte verwendet werden.

Meine Philosophie auf den Punkt gebracht:

GESUND   LEICHT   EINFACH   SCHNELL   STYLISH

Dieses Kochbuch soll Ihr persönlicher Richtungsweiser auf dem Weg zu einem gesunden und leichten Leben sein! *D*elight your Life!

Ein theoretischer Grundgedanke – meine Philosophie

Ich habe eine feste Überzeugung: „Gesundheit ist eine Frage des LEBENsstils!" Neben der Bewegung, der richtigen mentalen Einstellung und den geeigneten Stressmanagementstrategien spielt die Ernährung eine ganz wesentliche Rolle. Dabei sollte immer eine bestimmte Kombination vorliegen: GESUND und LEICHT. Es gibt ja zahlreiche Lebensmittel, die zwar sehr gesund sind, aber gleichzeitig viel Energie liefern. Zu diesen zählen zum Beispiel Nüsse, Avocados oder auch fette Fische. Die in diesen Lebensmitteln enthaltenen Fette sind sehr wertvoll. Aus diesem Grund sollten wir sie auch konsumieren.

Gesättigte Fettsäuren aus tierischen Fetten sind dagegen ungesund und sehr gehaltvoll. Sie liefern also viele leere Kalorien. Diese Art von Fetten werden Sie in meinem Kochbuch nicht finden. Das heißt, wir verwenden keine Butter, kein Schlagobers (keine Schlagsahne), keine Crème fraîche und auch keinen Sauerrahm (keine saure Sahne). Wir beschränken uns auf die gesunden Fette.

Wenn es schon Fett sein muss, dann bitte gesundes! Und wenn wir Fette verwenden, dann sollten wir das auch mit Maß tun. Das heißt, dass fettreiche Lebensmittel eben nur in kleineren Mengen konsumiert werden. Wenn Sie Nüsse in ein Gericht integrieren, dann nehmen Sie eben nur ein paar, zerhacken diese und genießen den Geschmack. Hier muss der Leitspruch: „Genuss und Qualität statt Quantität" gelten.

Was spielt noch eine Rolle?

Essen Sie regelmäßig. Das heißt Frühstück – Mittagessen – Abendessen. Wer nicht frühstücken möchte, der soll es einfach sein lassen. Zahlreiche Studien belegen jedoch, dass Menschen, die regelmäßig frühstücken, wesentlich seltener zu Übergewicht neigen als Menschen, die es nicht tun. Sollten Sie nicht frühstücken, dann achten Sie bitte darauf, dass Sie im Laufe des Tages nicht so hungrig werden, dass Sie dann schlussendlich zu Mittag und zu Abend verhältnismäßig mehr essen. Denn das wäre schlecht. Auch das Kaiser-König-Bettelmann-Prinzip hat seine Berechtigung. Versuchen Sie also so zu frühstücken, dass Sie energiegeladen durch den Tag kommen, legen Sie zu Mittag etwas nach – nicht zu schwer, damit Sie die Mahlzeit nicht zu sehr belastet – und essen Sie am Abend etwas ganz Leichtes. Leicht muss nicht unbedingt wenig bedeuten. Aber dazu kommen wir noch.

Lassen Sie jede Form von Zwischenmahlzeiten aus! Vermeiden Sie sogar Obst oder Fruchtsäfte zwischendurch. Das hat hormonelle Hintergründe. Zwischenmahlzeiten beeinflussen den Blutzucker-

spiegel und damit Ihren Fettstoffwechsel negativ. Es sei denn, Sie möchten gerne zunehmen …

Essen Sie morgens ausreichend Kohlenhydrate, mittags eine gemischte Eiweiß-, Fett- und Kohlenhydrat-Kombination und abends nur Eiweiß mit neutralen Lebensmittelgruppen wie Gemüse und Salate. Auch das hat hormonelle Hintergründe, die in meinem Buch „Schlank durch Hormonbalance" im Detail erklärt werden. Auch bei der Zubereitungsart sollten Sie klare Vorstellungen haben. Achten Sie auf schonende, fettarme Zubereitungsarten. Schonend, damit alle Vitalstoffe erhalten bleiben, und fettarm, damit das Essen leicht, bekömmlich und figurbewusst bleibt. Diese Regeln werden Ihr Leben verändern. Neben einem neuen Körpergefühl werden Sie besser schlafen und erfolgreicher, gesünder und glücklicher sein! Probieren Sie es aus!

Detox your Life!
Was steckt dahinter?

Die Welt ist voller Gefahren. Wir sind jeden Tag aufs Neue zahlreichen Belastungen und potenziellen Risiken ausgesetzt, die unsere Gesundheit und unser Wohlbefinden gefährden können. Auch wer gewillt ist, gesund zu leben, ist noch lange nicht unbelastet. Wer fühlt sich nicht öfters schlapp und antriebslos? Das Wetter? Ist es wirklich das Wetter oder eine der vielen Belastungen unseres Lebensalltags? Die Liste ist lang, die Verunsicherung groß. Auf die Liste gehören Pestizide, Geschmacksverstärker, Süß-, Farb- und Konservierungsstoffe im Essen, die Strahlung von Handys, der Stress in der Arbeit, die UV-Belastung durch Sonnenlicht, Zigarettenrauch und andere Luftschadstoffe. Ja sogar Sport kann – sofern man ihn übertreibt – zu einer Belastung für unsere Gesundheit werden.

Es gibt eine Vielzahl von Lebensmitteln, die – in Studien untersucht – einen nachweisbaren Effekt auf die Entgiftung unseres Körpers haben. Bei der Suche nach Ingredienzien mit „Detox-Potenzial" muss man sich auf Nahrungsmittel konzentrieren, die primär auf zwei Organsysteme wirken bzw. diese unterstützen. Es handelt sich dabei um die Leber und die Nieren. Beide helfen uns Schad- bzw. Giftstoffe abzubauen, auszuscheiden und unseren Körper von diesen belastenden Substanzen zu befreien. Damit das gelingt, sollten Sie bei der Wahl Ihrer Speisen auch immer den Detox-Gedanken in Ihrem Hinterkopf haben. Nützen Sie die vielen wertvollen Wirkstoffe der Natur, um Ihre Gesundheit zu erhalten!

Wie machen wirs?

EINFACH GESUND LEICHT SCHNELL GUT

So habe ich es auch in den letzten Büchern schon gehandhabt: Meine Tipps und Rezepte müssen zu Ihrem Lebensalltag passen. Sie müssen für Sie praktikabel sein. Sie sollen Spaß machen, schmecken und dürfen nicht zur Belastung werden.

Unser aller Lebensalltag ist voller Belastungen. Wie bekomme ich die Arbeit und die Familie unter einen Hut, ohne dass irgendjemand zu kurz kommt? Viele Menschen vergessen dabei zur Gänze auf die eigene Gesundheit und das persönliche Glück.

Ich glaube, dass es machbar ist, ein vernünftiges Mittelmaß zu finden, in dem wir uns wohlfühlen, lieben und geliebt werden, erfolgreich und gesund sind. Aus diesem Grund und mit dieser Intention kreiere ich meine Rezepte. Sie werden also weder belastende Zubereitungsarten noch ungesunde Komponenten und auch keine Vorschläge finden, die Ihr Leben in anderen Bereichen erschweren.

Die Zutaten sind überall zu bekommen, die Gerichte sind einfach nachvollziehbar, für jeden leistbar, gehen schnell und schmecken gut. Niemand möchte stundenlang im Internet recherchieren müssen, um herauszufinden, woher man manch exotische Zutat bekommt, oder einen halben Tag in der Küche verbringen, um eine Mahlzeit zuzubereiten.

Dieses Buch und meine Philosophie sollen ein ständiger Wegbegleiter für Sie sein, der Ihnen Freude und Energie liefert und Ihr Leben erleichtert. Die Kochbücher mit den aufwendigen Rezepten heben Sie sich dann für den Urlaub auf.

Sind Sie genussbereit?

Es ist mir ein persönliches Anliegen, Ihnen die Freude am Kochen, Essen und an einem gesunden Lebensstil näherzubringen. Sind Sie erst einmal dort angelangt und haben gewisse Dinge verinnerlicht, werden Sie sich kein anderes Leben mehr vorstellen können. Glauben Sie mir. Aber mir ist klar: Aller Anfang ist vielleicht schwer.

Ich koche nahezu jeden Tag. An einem Tag, an dem ich nicht gekocht habe, fehlt mir irgendwie etwas. Selbstverständlich gehe ich auch gerne in feine Restaurants und lasse mich verwöhnen. Doch zu meinem Lebensalltag gehört das Kochen wie das Arbeiten oder das Sporteln einfach dazu.

Seien Sie hemmungslos und verlieren Sie die Scheu!

Lassen Sie mich Ihnen kurz eine Geschichte erzählen: Vor vielen Jahren besuchte ich ein Restaurant in München, das für seine ausgefallene und äußerst kreative Küche bekannt war. Dort konnte man die kuriosesten Kreationen und die extravagantesten Speisen genießen. Es wurde stets Fisch mit Fleisch, Süßes mit Saurem oder Salzigem, Gewürze und Kräuter aller Art einfach in einem Gericht miteinander kombiniert.

Was soll ich essen? Nach 20-minütigem Studieren der Speisekarte gab ich auf. Das Angebot war zu komplex für meinen Gaumen. Somit beschloss ich, den Kellner zu bitten, mir einfach drei Gänge seiner Wahl zu servieren. Es war ein sensationelles Geschmacksfeuerwerk! Unter den Gerichten befand sich zum Beispiel ein Gemüse-Tiramisu. Es handelte sich dabei um ein „normales" Tiramisu – also mit Mascarponecreme, Kaffee und oben mit Kakaopulver bestreut – nur dass statt Biskotten gegartes Gemüse verwendet wurde. Zucchini, Karotten und dergleichen. Ich habe es kritisch betrachtet und mir gedacht: „Das kann nicht schmecken!" Und wissen Sie was? Es hat fantastisch geschmeckt. Nach drei unglaublichen Gerichten verließen wir das Lokal. Der Eindruck war ein bleibender. Die Rezepte merkte ich mir leider nur sehr lückenhaft, denn die Kreationen waren zu ausgefallen, um sie detailliert in Erinnerung zu behalten. Nichtsdestotrotz habe ich eine für mich als Hobbykoch sehr wichtige Erkenntnis daraus gezogen: „Es gibt nichts in der Küche, was man nicht miteinander kombinieren kann!" und „Kreativität ist das höchste Gebot!". Legen Sie los! Sie können nichts falsch machen! PS: Als Dessert aß ich das beste Rosmarineis meines Lebens …

Wie gehen wir es an?
Was brauchen wir?

Eigentlich brauchen Sie nicht mehr, als Sie bis jetzt schon hatten. Ich gehe einmal davon aus, dass Sie stolzer Besitzer eines Herdes und eines Backofens sind. Dampfgarer? Sie sind spitze! Ist aber keine unbedingte Notwendigkeit. Aus Erfahrung weiß ich, dass das Kochen mit hochwertigen Utensilien einfach mehr Spaß macht und auch besser gelingt. Überlegen Sie es sich gut, ob Sie nicht den einen oder anderen Euro mehr in einen Kochtopf, eine Pfanne oder ein Messer investieren wollen. Sie werden sehen, es zahlt sich aus.

Brauche ich einen Dampfgarer?

Natürlich ist die Anschaffung eines Dampfgarers überlegenswert. Garen ist eine sehr schonende und gesundheitsbewusste Art, um Lebensmittel zuzubereiten. Denken Sie auch hier daran, dass es sich mehr um eine Investition in Ihre Gesundheit handelt als um die in ein Küchengerät. Denken Sie überhaupt öfters daran zu garen, zu dünsten oder zu kochen. Auch Fleisch muss nicht immer gebraten oder paniert werden, sondern kann wunderbar in einer Suppe gekocht werden. Geben Sie Gebackenem, Paniertem oder Frittiertem keine Chance, Ihrer Gesundheit zu schaden! Nutzen Sie Ihren Backofen nicht nur zum Backen. Es ist dabei egal, ob Sie Gemüse, Fisch oder Fleisch auftischen möchten. Die Handhabung des Backofens ist nicht nur einfach, sondern eröffnet uns die Möglichkeit, Lebensmittel mit wenig oder ohne Fett sehr schmackhaft zuzubereiten.

Tipps für die Praxis

1. Besorgen Sie sich Backpapier. Damit können Sie sich Förmchen (kleine Schiffchen, Taschen etc.) basteln, die Sie mit den feinsten Zutaten füllen, um diese dann im Backofen zuzubereiten. Kein Aufwand, keine schmutzige Küche und eine sehr gesunde Zubereitungsart. Als Alternative eignet sich Alufolie auch sehr gut. Backpapier wäre aber die umweltfreundlichere Variante.

2. Kaufen Sie sich einen Pinsel zum Einfetten. Damit kann man Fett viel besser dosieren und in Pfannen, Töpfen oder Formen verteilen. Wenn Sie zukünftig nicht mehr mit der Flasche hantieren, werden Sie viel Fett und Kalorien sparen!

3. Achten Sie beim Zubereiten des Salatdressings darauf, wie viel Öl Sie verwenden. Gießen Sie nicht nach Belieben Öl aus der Flasche darüber, sondern dosieren Sie das Öl mit einem Esslöffel. Ein Esslöffel Öl hat ca. 100 kcal. Nehmen Sie nicht mehr als einen Löffel pro Person. Das reicht für den Geschmack vollkommen aus. Glauben Sie es mir, bis jetzt haben Sie viel mehr verwendet.

4. Entfernen Sie überschüssige Fette vom Essen. Alles Weiße an einem Stück Fleisch sollte vor der Verarbeitung und dem Verzehr entfernt werden. Fleisch enthält in den meisten Fällen noch genug an versteckten Fetten! Tupfen Sie auch Ölreste nach dem Anbraten mit einem Stück Küchenrolle ab. Auch so können Sie Fett und Kalorien einsparen.

5. Schränken Sie sich beim Konsum von Speisesalz ein. Nehmen Sie stattdessen viele frische Kräuter. Die schmecken besser, sind gesünder und schulen Ihren Geschmackssinn.

6. Verwenden Sie nur beschichtete Pfannen. Sie sparen Unmengen an Öl bei jeder Zubereitung.

7. Nehmen Sie kleine Teller. Wenn Sie kleine Teller mit Essen anrichten, sieht es nach mehr aus. Nützen Sie diese optische Täuschung, um sich selbst ein wenig hinters Licht zu führen. Würden Sie die gleiche Menge auf einen großen Teller füllen, wären Sie nach dem Essen wahrscheinlich unzufrieden. Jaja, das Auge isst mit.

8. Richten Sie das Essen immer liebevoll an. Der respektvolle Umgang mit Lebensmitteln ist wichtiger Bestandteil meiner Philosophie.

9. Entscheiden Sie sich öfter mal für regionale und saisonale Produkte. Diese haben kürzere Transportwege und kürzere Lagerungszeiten hinter sich. Und enthalten deswegen mehr Vitamine und Spurenelemente.

10. Achten Sie bei der Auswahl von tierischen Produkten auch auf die Fangarten, das Ausmaß, mit dem der Verkauf von Produkten einhergeht (durch Überfischung sind mittlerweile viele Fischarten bedroht), und die Art der Tierhaltung. Ich bin der Meinung, dass wir mit Tieren würdevoll umgehen müssen. Deswegen bin ich noch lange kein Vegetarier.

Lebensmittel, die besonders häufig auf Ihrem Speiseplan stehen sollten!

Lebensmittel mit Detox-Eigenschaften

GEMÜSE

Knoblauch
Bärlauch
Gurke
Artischocke
Zwiebel
Rote Rüben (Rote Beete)
Kohl
Kohlsprossen
Karfiol (Blumenkohl)
Brokkoli
Kraut
Paprika
Staudensellerie
Knollensellerie
Karotten
Shiitake-Pilze
Austernpilze
Tomaten
Spargel
Sojaprodukte
Hülsenfrüchte (Linsen, Bohnen,
Kichererbsen)
Alle Arten von Sprossen
(Keimlingen)

OBST

Gojibeeren, getrocknet erhältlich
Granatapfel
Litschi
Äpfel
Preiselbeeren
Blaubeeren
Himbeeren
Erdbeeren
Zitrusfrüchte
(Zitrone, Grapefruit)
Trauben
Avocado
Acai, brasilianische Beere, meist
als Mark oder Saft erhältlich
Mangostane

GEWÜRZE

Ingwer
Curry
Paprika
Chili
Zimt
Senf

KRÄUTER

Koriander
Oregano
Rosmarin
Petersilie
Basilikum
Minze
Zitronengras
Schafgarbe
Mariendistel
Bockshornklee
Kamillenblatt
Löwenzahn
Liebstöckel
Brennnessel
Borretsch
Kapuzinerkresse
Brunnenkresse
Gänseblümchen
Lavendel

Lebensmittel mit Detox-Eigenschaften

NÜSSE, SAMEN, KÖRNER, ÖLE

Alle Arten von Nüssen
Sesam
Leinsamen
Mohn
Öle (Kürbiskern, Raps,
Olive, Leinsamen)
Alle Vollkornprodukte

SALATE

Vogerlsalat (Feldsalat)
Endiviensalat
Radicchio
Rucola

FISCH

Lachs
Thunfisch
Makrele
Hering
Sardinen
Steinbutt
Forelle
Zander

GETRÄNKE

Grüner Tee
Weißer Tee

SÜSSES

Schokolade
(> 70 % Kakaoanteil)
Honig

Slim Food – Lebensmittel für Ihre Figur

Die unten angeführten Lebensmittel eignen sich besonders gut für die Abendmahlzeit. Sie liefern einerseits wenige Kalorien und sind zusätzlich frei von Kohlenhydraten bzw. sehr kohlenhydratarm. Essen Sie reichlich davon!

OBST

Papaya
Honig- oder Zuckermelone
Erdbeeren
Himbeeren
Ribisel (Johannisbeeren)
Blaubeeren

GEMÜSE

Gurken
Alle Kohlgemüsesorten
Alle Salate
Sellerie
Karfiol (Blumenkohl)
Brokkoli
Radieschen
Spargel (grün und weiß)
Spinat
Tomaten
Zucchini
Sojasprossen
(Mungobohnensprossen)
Melanzani (Auberginen)
Alle Pilze

WERTVOLLE MAGERE EIWEISSQUELLEN

Tofu
Magerer Hüttenkäse
Magerer Topfen (Quark)
Kabeljau/Dorsch
Scholle
Seelachs
Seezunge
Steinbutt
Barsch
Zander
Muscheln/Krustentiere
Truthahn/Pute
Huhn
Lammfilet
Kalb
Mageres Rind (Filet)
Schweinefilet
Reh

10 Diät-Lebensmittel, die Sie nicht verpassen dürfen

1. Grapefruit
2. Salatgurke
3. Spinat
4. Spargel
5. Brokkoli
6. Pilze
7. Magerer Hüttenkäse
8. Weiße Fische (Ausnahme: Butterfisch)
9. Meeresfrüchte wie Muscheln, Schalentiere oder Tintenfisch
10. Mageres Geflügel wie Pute oder Huhn

10 Lebensmittel, die Sie besser meiden sollten

1. Gebackenes
2. Frittiertes (z.B. Pommes frites)
3. Paniertes (z.B. Schnitzel)
4. Fette Milchprodukte wie Schlagobers (Sahne), Crème fraîche, Sauerrahm oder Mascarpone
5. Fettreiche Fleischwaren wie Leberkäse, Bratwürste oder Käsekrainer
6. Chips und anderes fettreiches Knabbergebäck
7. Fette Wurstwaren wie Speck oder Salami
8. Fastfood wie Pizza oder Burger
9. Innereien
10. Käse

TV-Moderatorin Regina Kail im Detox-Fieber

Regina Kail hat sich bereits 2010 für das Detox-Programm von Dr. Christian Matthai entschieden. Die Moderatorin im österreichischen Privatfernsehen, die auch als Model und Journalistin tätig ist, berichtet in ihrem Detox-Tagebuch im Internet authentisch aus ihrem manchmal mehr und manchmal weniger bunten Entgiftungsalltag.

„Ich bin Mitte dreißig und habe gerade erst diverse Eskapaden der Jugend gut hinter mich gebracht – jetzt habe ich echt keine Lust, mich übergangslos vom langsamen Älterwerden nerven zu lassen. Gegensteuern ist angesagt! Dass das nur mit einer langfristigen Lebensumstellung geht, war mir klar. Deshalb habe ich ganz langsam mit dem Programm von Dr. Christian Matthai begonnen. Bei unserem ersten Treffen hat er auf mich einen ausgeglichenen, zufriedenen Eindruck gemacht. Was, wenn das an seinem Detox-Programm liegt, hab

ich mir damals gedacht? Ja, und genauso hat mein Detoxen begonnen. Oft ist es ein Kampf mit mir selbst, worüber ich auf meinem Blog seit einigen Monaten berichte: www.detoxingmylife.com. Aber die Tipps, Rezepte und wissenschaftlichen Erkenntnisse sind überzeugend und auch im hektischen Alltag umsetzbar. Es braucht nur ein bisschen Willen und Zeit. Wenn mir vor Jahren jemand erzählt hätte, wie entspannend und ja, fast erfüllend, die Kombination aus gesunder Ernährung, (gelegentlichem) Morgensport, selbst kochen und das (fast immer) einhalten der weiteren Detox-Regeln sein kann, hätte ich mir gedacht: Spießer… Und jetzt? Freue ich mich total auf das neue Detox-Kochbuch von Dr. Matthai. Und kann´s nicht erwarten, die ausgeklügelten Rezepte nachzukochen und vor allem die Detox-Gerichte zu essen! Wie´s mir beim Kochen ergeht, ist natürlich auch schonungslos auf meinem Blog zu sehen…

© URBAN SHOT

detoxingmylife.com
REGINA KAIL

Detox your Life

rezepte

Ihre Anleitung für ein gesünderes Leben

Achten Sie auf die nützlichen
Zusatzinformationen.
Versuchen Sie an mindestens zwei
Tagen pro Woche weder Fisch noch
Fleisch zu essen und am Abend auf
die Kohlenhydrate zu verzichten!

low carb = wenig Kohlenhydrate
no carb = keine Kohlenhydrate

Christians Power-Frühstück nach TCM-Art

Zutaten für 1 Person:
30 g Bio-Weizenvollkornflocken
1 kleine unreife Banane
125 g Heidelbeeren (Blaubeeren)
1 TL Leinsamen
1 Prise Zimt
1 EL Premium-Proteinpulver
(z.B. Vanillegeschmack)
150 ml Wasser
1 Schuss fettarme Sojamilch

Geben Sie das Wasser und die Flocken in eine kleine beschichtete Pfanne und kochen Sie die Flocken so lange auf, bis sie das Wasser nahezu aufgesaugt haben. Dies dauert etwa 3 bis 4 Minuten. Schneiden Sie zwischenzeitlich die Banane in kleine Scheiben. Anschließend die Banane und die Beeren 1 bis 2 Minuten in der Pfanne mitkochen. Leinsamen und Zimt beimengen. Die Pfanne von der Kochplatte nehmen und die Sojamilch dazugeben.

Wenn die Speise lauwarm ist, den Löffel Eiweißpulver dazugeben und gut verrühren. Lauwarm verzehren.

D-TiPP

Sie können bei den Obstsorten variieren. Wenn Sie Bananen gerne mögen, nehmen Sie unreife, noch etwas grüne Bananen. Diese enthalten weniger Fruchtzucker. Statt der Weizenvollkornflocken eignen sich auch Hafer- oder Dinkelflocken. Anstelle der Sojamilch können Sie auch normale Magermilch verwenden.

Zubereitungszeit: ca. 10 Minuten
Nährwert pro Portion: 315 kcal / 5,0 g Fett / 19,0 g Eiweiß / 46,0 g Kohlenhydrate

vegetarisch ✓ Fisch Fleisch low carb no carb

D-INFO

Die Traditionelle Chinesische Medizin (TCM) empfiehlt, Speisen zu essen, die Körpertemperatur haben und unseren Energiefluss (Chi) nicht beeinträchtigen. Denn unser Körper muss für kalte Speisen Energie aufbringen, um diese anzuwärmen, und für heiße Speisen, um diese auf Körpertemperatur abzukühlen. Wenn Sie etwas Lauwarmes essen, was also in etwa Ihrer Körpertemperatur von 37° C entspricht, verlieren Sie keine Energie für Ihren Alltag. Heidelbeeren beeinflussen Ihre Stimmungslage positiv. Zimt reguliert Ihren Blutzuckerspiegel. Leinsamen sind eine wertvolle Quelle der Omega-3-Fettsäuren. Eine eiweißreiche Ernährung (Proteinpulver) sorgt für ein längeres Sättigungsgefühl. Die Vollkornflocken enthalten wertvolle Ballaststoffe und Spurenelemente. Die Banane ist ein guter Magnesiumlieferant. Sie sehen also – das perfekte Frühstück in nur 10 Minuten!

Zimtiger Gojibeeren-Brei

Zutaten für 1 Person:
200 ml Sojamilch
4 EL Vollkornbrei (aus dem Reformhaus)
1 EL getrocknete Gojibeeren
1 EL Mandeln (in Stiften)
1 TL Honig
1/2 TL Zimt

Erwärmen Sie die Sojamilch in einem Topf. Geben Sie den Honig, die Gojibeeren, das Breipulver, den Zimt und die Mandeln dazu. Vermengen Sie alles so lange sorgfältig miteinander, bis ein Brei entsteht. Lassen Sie den Brei eine Minute quellen und genießen Sie ihn warm.

D-TiPP

Besorgen Sie sich einen Vollkornbrei Ihrer Wahl aus dem Reformhaus. Die Zubereitungsart kann dabei von Marke zu Marke variieren. Achten Sie darauf, dass dem Brei kein Zucker zugesetzt wurde!

Zubereitungszeit: ca. 5 Minuten
Nährwert pro Portion: 345 kcal / 10,2 g Fett / 15,7 g Eiweiß / 48,6 g Kohlenhydrate

vegetarisch ✓ Fisch Fleisch low carb no carb

D-INFO

Alternativ können Sie auch Magermilch verwenden. Die Sojamilch ist jedoch gesünder und unterstreicht den nussigen Geschmack. Gojibeeren gibt es getrocknet zu kaufen. Sie haben 4000 % mehr Antioxidantien als Orangen, 2000 % mehr als Preiselbeeren und mehr B-Vitamine als alle anderen Früchte. Zimt erhöht bestimmte Detox-Enzyme, wirkt antioxidativ und kann das Dickdarmkrebsrisiko senken.

Asiatisches Apfel-Trauben-Mus sugar-free

Zutaten für 4 Personen:
4 große süßliche Äpfel
1 Ingwerstück (ca. 4 cm)
150 g weiße Weintrauben (kernlos)
1 TL Zimt
1/2 TL gemahlene Nelken
50 ml Wasser

Die Äpfel schälen, entkernen und in kleine Würfel schneiden. Anschließend mit den Trauben in einen Topf geben und bei mittlerer Hitze 5 Minuten weich garen. Das Obst lässt dabei Wasser. Dann den zuvor geschälten und geriebenen Ingwer, Wasser, Zimt und Nelken in den Topf geben und das Ganze weitere 25 Minuten auf kleiner Flamme einkochen. Zwischendurch immer wieder umrühren und bei Bedarf noch etwas Wasser dazugeben.

Zubereitungszeit: ca. 35 Minuten
Nährwert pro Portion: 110 kcal / 0,7 g Fett / 0,6 g Eiweiß / 24,2 g Kohlenhydrate

vegetarisch ✓ Fisch Fleisch low carb no carb

D-INFO

Bei nahezu jedem industriell hergestellten Mus wird extra Zucker zugesetzt. In meinem Mus befindet sich lediglich natürlicher Fruchtzucker. Sie werden sehen, das ist süß genug. Äpfel enthalten vor allem in ihrer Schale eine Vielzahl gesunder Stoffe. Zwei dieser Inhaltsstoffe haben eine wachstumshemmende Wirkung auf Brustkrebs. Und die Sorte Idared verfügt über besonders viele Antioxidantien. Trauben beinhalten viele wichtige und wertvolle Inhaltsstoffe, z.B. das berühmte Resveratrol, das den Körper vor Dioxinschäden schützen kann. Die Schalen und auch die Kerne enthalten die meisten Inhaltsstoffe. Und dunkle Trauben mehr als helle.

It's Tea Time

Weißer Cranberry-Eistee mit frischer Pfefferminze

Zutaten für 250 ml:
250 ml Wasser
Weißer Tee (im Beutel oder lose)
1 EL getrocknete Cranberrys
1 paar Pfefferminzblätter

Bringen Sie das Wasser zum Kochen. Den Tee im heißen Wasser (ca. 80° C) 2 bis 3 Minuten ziehen lassen. Cranberrys und Minze dazugeben und mindestens eine Viertelstunde ziehen und im Kühlschrank auskühlen lassen. Mit einem Löffel umrühren, damit die Beeren den Tee färben und süßen.

Zubereitungszeit: ca. 20 Minuten
Nährwert für 250 ml: 5 kcal / 0,0 g Fett
0,0 g Eiweiß / 1,2 g Kohlenhydrate

Immunbooster-Tee

Zutaten für 250 ml:
250 ml Wasser
1 Stück Ingwer (3 cm)
1/2 Stange Zitronengras
1/2 Rosmarinzweig
1 TL Honig

Bringen Sie das Wasser zum Kochen. Schneiden Sie den ungeschälten Ingwer in dünne Scheiben. Entfernen Sie vom Zitronengras die äußerste Schale und schneiden Sie dann eine halbe Stange in Stücke. Alle Zutaten in ein Glas geben, mit dem Wasser übergießen und 10 Minuten ziehen lassen.

Zubereitungszeit: ca. 12 Minuten
Nährwert für 250 ml: 30 kcal / 0,0 g Fett
0,0 g Eiweiß / 3,8 g Kohlenhydrate

Gojibeeren-Tee

Zutaten für 250 ml:
250 ml Wasser
1 EL getrocknete Gojibeeren

Bringen Sie das Wasser zum Kochen. Geben Sie die Gojibeeren in eine Tasse, übergießen Sie die Beeren mit dem heißen Wasser und lassen den Tee 10 Minuten ziehen.

Zubereitungszeit: ca. 10 Minuten
Nährwert für 250 ml: 0 kcal / 0,0 g Fett
0,0 g Eiweiß / 0,0 g Kohlenhydrate

D-TiPP

Sie können die Gojibeeren mitessen. Süßen Sie Ihren Tee nach Belieben mit Honig oder Ahornsirup. Machen Sie sich auf die gleiche Art auch einen Tee aus der Schale der gesunden Frucht Mangostane!

Detox-Drinks

Scharfe Erdbeer-Buttermilch

Zutaten pro Glas:
200 ml fettarme Buttermilch (natur)
1 TL Ahornsirup
125 g Erdbeeren (frisch oder tiefgefroren)
1 Prise Cayennepfeffer

Erdbeeren waschen, vom Strunk befreien, halbieren und mit dem Ahornsirup, dem Cayennepfeffer und ein paar EL Wasser pürieren. Die kalte Buttermilch in ein Glas leeren und mit dem Püree übergießen.

Zubereitungszeit: ca. 5 Minuten
Nährwert pro Glas: 118 kcal / 1,2 g Fett
8,0 g Eiweiß / 17,8 g Kohlenhydrate

Ginger-Grape

Zutaten pro Glas:
2 Grapefruits
1/2 Banane
1 Stück Ingwer (3 cm)
2–3 Thymianzweige

Pressen Sie die Grapefruits aus. Thymian abrebeln und sehr fein hacken. Ingwer schälen und reiben. Mixen Sie nun alle Zutaten (inkl. der Banane) in einem Standmixer oder mit einem Pürierstab sorgfältig. Fatburner und Immunbooster in einem. Unglaublich gut! Unglaublich gesund!

Zubereitungszeit: ca. 5 Minuten
Nährwert pro Glas: 145 kcal / 0,8 g Fett
2,4 g Eiweiß / 30,1 g Kohlenhydrate

Blueberry-Milkshake

Zutaten pro Glas:
75 g Heidelbeeren
(Blaubeeren; frisch oder tiefgefroren)
90 g Kefir
50 ml magere Sojamilch
5 Salbeiblätter

Den Salbei sehr fein hacken und mit den anderen Zutaten in einem Standmixer oder mit einem Pürierstab sorgfältig mixen. Achten Sie darauf, dass sich der Salbei und die Beeren dabei gut zerkleinern. Ideal zum Frühstück, für zwischendurch oder als gesundes Dessert!

Zubereitungszeit: ca. 5 Minuten
Nährwert pro Glas: 105 kcal / 3,4 g Fett
4,7 g Eiweiß / 10,8 g Kohlenhydrate

Gartentatar

Zutaten für 4 Personen:
4 Tomaten
1/2 Salatgurke
1/2 Bund Dill
50 g schwarze Oliven (entkernt)
1 EL Magertopfen (Quark)
1/2 Zitrone
Salz und Pfeffer
1 Metallring zum Anrichten

Die Tomaten entkernen, die Gurke schälen und beides gemeinsam mit den Oliven ganz klein würfeln. Den Dill fein hacken. Die Zutaten mit dem Saft der halben Zitrone, Salz, Pfeffer und dem Topfen zu einer Masse vermischen. Befüllen Sie nun den Metallring mit einem Viertel der Masse, um das Tatar auf den Tellern schön anzurichten.

D-Tipp: Dekorieren Sie Ihr Tatar mit frischen Kräutern und etwas Balsamico-Sirup.

Zubereitungszeit: ca. 15 Minuten
Nährwert pro Person: 78 kcal / 4,8 g Fett
2,7 g Eiweiß / 5,3 g Kohlenhydrate

vegetarisch ✓   Fisch   Fleisch   low carb   no carb ✓

Rote-Rüben-Tatar im Heilbuttmantel

Zutaten für 4 Personen:
300 g vorgekochte Rote Rüben (Rote Beete)
150 g geräucherter Heilbutt
25 g kleine Kapern
10 große schwarze Oliven (entkernt)
6 Sardellenfilets
2 EL Worcestersauce
1 TL Senf
Pfeffer
1 Metallring zum Anrichten

Würfeln Sie die Rüben ganz klein. Hacken Sie die Kapern, Sardellen und Oliven fein. Vermengen Sie alle geschnittenen Zutaten in einer Schüssel mit dem Senf und der Worcestersauce. Pfeffern Sie nach Belieben. Legen Sie den aufgeschnittenen Heilbutt an den Innenrand eines geeigneten Metallrings und befüllen Sie ihn mit dem Tatar.

Zubereitungszeit: ca. 15 Minuten
Nährwert pro Person: 116 kcal / 4,5 g Fett
9,4 g Eiweiß / 7,4 g Kohlenhydrate

vegetarisch   Fisch ✓   Fleisch   low carb   no carb ✓

D-INFO

Tomaten enthalten das vielversprechende Karotinoid Lycopin, das die Leber vor Schäden schützen kann, Entzündungen bekämpfen hilft, vor freien Radikalen schützt und Herz-Kreislauf-Erkrankungen vorbeugt. Die Rote Rübe (Rote Beete) enthält viel Vitamin B, Kalium und Eisen. Ihr Saft reduziert die Belastung durch freie Radikale, begünstigt die schützenden Enzyme und unterstützt den Zelltod von Krebszellen.

Portobello mit Ei

Zutaten für 4 Personen:
4 Portobello-Pilze
8 Thymianzweige
4 Eier
1 rote Zwiebel
2 EL Sonnenblumenkerne
Salz und Pfeffer

Den Backofen auf 250° C und Grillen einstellen. Die Pilze vom Strunk befreien und auf ein mit Backpapier belegtes Blech legen (Lamellenseite nach oben). Salzen und pfeffern. Die Zwiebel schälen und in feine Ringe schneiden. Zwiebel, Sonnenblumenkerne und den abgerebelten Thymian auf die Innenseite des Pilzes platzieren. Vorsichtig ein Ei darüberschlagen und das Ganze für 8 Minuten in den Ofen geben. Abschließend nochmals salzen und pfeffern.

TiPP

Der Portobello-Pilz ist in den USA als Grillgemüse sehr beliebt. Man findet ihn bei uns in den großen, gut sortierten Lebensmittelgeschäften oder auf Märkten.

Zubereitungszeit: ca. 15 Minuten
Nährwert pro Portion: 168 kcal / 11,9 g Fett / 11,2 g Eiweiß / 3,2 g Kohlenhydrate

vegetarisch ✓ Fisch Fleisch low carb no carb ✓

D-INFO

Nüsse und Kerne enthalten neben wertvollen Fettsäuren einen hohen Anteil an Vitamin E, Zink und Selen.

Rock 'n' Roll Meat (links im Bild)

Zutaten für 4 Rollen:
4 Blätter Reispapier
1 große Karotte
200 g Putenfleisch
1 kleine Zucchini
4 große Basilikumblätter
2 TL Currypulver
20 g Cashewkerne
Salz
1 EL Rapsöl

Schälen Sie die Karotte und schneiden Sie sie gemeinsam mit der Zucchini in ganz kleine Würfelchen. Schnetzeln Sie das Putenfleisch und hacken Sie das Basilikum klein. Bräunen Sie die Cashewkerne 1 bis 2 Minuten in einer beschichteten Pfanne ohne Fett. Anschließend die Kerne herausnehmen.

Braten Sie nun das Putenfleisch im Öl 2 bis 3 Minuten scharf an. Kurz bevor das Fleisch gar ist, geben Sie die zwischenzeitlich klein gehackten Cashewkerne dazu. Würzen Sie das Fleisch mit Currypulver und Salz und schwenken Sie das Ganze weitere 1 bis 2 Minuten gut durch. Nehmen Sie das Fleisch und die Cashews aus der Pfanne.

Geben Sie nun das klein gewürfelte Gemüse in die Pfanne. Sie brauchen kein extra Fett! Beginnen Sie mit der Karotte, lassen Sie diese ca. 5 Minuten in der Pfanne und geben Sie anschließend die Zucchini dazu. Braten Sie nun abschließend das Gemüse gemeinsam mit dem Fleisch und dem Basilikum weitere 2 bis 3 Minuten.

Füllen Sie eine flache große Pfanne mit heißem Wasser und legen Sie ein Reisblatt ca. 5 Sekunden hinein. Es lässt sich nun leicht formen und befüllen. Legen Sie das weiche Reisblatt auf und befüllen Sie es mit einem Viertel der Masse. Rollen Sie es abschließend zu einer Tasche.

Zubereitungszeit: ca. 30 Minuten
Nährwert pro Rolle: 146 kcal / 4,7 g Fett / 14,0 g Eiweiß / 10,5 g Kohlenhydrate

vegetarisch Fisch Fleisch ✓ low carb ✓ no carb

D-INFO

Karotten sind voller Karotinoide, die als wirksame Antioxidantien gelten. Außerdem tragen sie zum Erhalt der Sehkraft bei.

Rock 'n' Roll Crab

Zutaten für 4 Rollen:
4 Blätter Reispapier
1/2 Bund Koriander
1 kleiner Karfiolkopf (Blumenkohl)
100 g Flusskrebse (gekocht und geschält)
1/2 Zitrone
Salz

(Bildmitte S. 47)

Zerteilen Sie den Karfiol in Röschen und kochen Sie diese in Salzwasser etwa 15 Minuten weich. Gießen Sie anschließend das Wasser ab und zerdrücken Sie den Karfiol mit einem Stampfer (alternativ eignet sich auch eine Gabel) zu einem Brei. Beträufeln Sie die Flusskrebse mit dem Zitronensaft und schneiden Sie den Koriander klein. Vermischen Sie nun die Karfiolmasse, den Koriander und die Krebse gut miteinander.

Füllen Sie eine flache große Pfanne mit heißem Wasser und legen Sie ein Reisblatt für etwa 5 Sekunden hinein. Es lässt sich nun leicht formen und befüllen. Legen Sie das weiche Reisblatt auf und befüllen Sie es mit einem Viertel der Masse. Rollen Sie es abschließend zu einer Tasche.

Zubereitungszeit: ca. 25 Minuten
Nährwert pro Rolle: 117 kcal / 1,3 g Fett
9,0 g Eiweiß / 16,8 g Kohlenhydrate

vegetarisch Fisch ✓ Fleisch low carb ✓ no carb

Rock 'n' Roll Veggie

Zutaten für 4 Rollen:
4 Blätter Reispapier
250 g magerer Hüttenkäse
30 g Rucola
1/4 Bund Dill
1/4 Salatgurke
1/2 TL Senf
50 g schwarze Linsen
Salz

(rechts im Bild S. 47)

Die Linsen laut Packungsanleitung zubereiten. Schälen Sie zwischenzeitlich die Gurke und schneiden Sie diese, wie auch die übrigen Zutaten, klein und vermengen Sie alles miteinander. Geben Sie auch die fertig gekochten Linsen dazu.

Füllen Sie eine flache große Pfanne mit heißem Wasser und legen Sie ein Reisblatt für ca. 5 Sekunden hinein. Es lässt sich nun leicht formen und befüllen. Legen Sie das weiche Reisblatt auf und befüllen Sie es mit einem Viertel der Masse. Rollen Sie es abschließend zu einer Tasche.

Zubereitungszeit: ca. 20 Minuten
Nährwert pro Rolle: 130 kcal / 1,7 g Fett
11,9 g Eiweiß / 16,6 g Kohlenhydrate

vegetarisch ✓ Fisch Fleisch low carb no carb ✓

D-INFO

Linsen verfügen über sehr gut untersuchte Isoflavone. Diese Pflanzenhormone haben eine sehr gute Leberschutzwirkung. Hülsenfrüchte sind außerdem eine willkommene Eiweißquelle mit sehr vielen Ballaststoffen. Karfiol (Blumenkohl) hat viele Vitamine, Mineralstoffe und wertvolle sekundäre Pflanzenstoffe. Die Pflanzenstoffe der Kreuzblütengewächse im Allgemeinen schützen gezielt die Leberzellen.

Lachs-Snack

Zutaten für 4 Personen:
200 g Räucherlachs (in Scheiben)
4 EL Ricotta (cremig)
1 kleines Stück Krenwurzel
(Meerrettich)
1 unbehandelte Zitrone
1 Glas Spargel

Reiben Sie die Schale der Zitrone und ein wenig von der Krenwurzel in jeweils einen Behälter.

Beträufeln Sie die einzelnen Lachsscheiben mit ein wenig Zitronensaft und bestreichen Sie sie mit etwas Ricotta. Geben Sie etwas geriebene Zitronenschale und/oder frisch geriebenen Kren darüber. Schneiden Sie die Spargelstangen in Stücke, so dass sie der Länge nach auf die Lachsscheiben passen, und rollen Sie diese dann zusammen. Fertig.

Zubereitungszeit: ca. 5 bis 10 Minuten
Nährwert pro Portion: 111 kcal / 6,1 g Fett / 12,0 g Eiweiß / 2,2 g Kohlenhydrate

vegetarisch Fisch ✓ Fleisch low carb no carb ✓

D-INFO

Fisch verfügt über mehrfach ungesättigte Fettsäuren, zu denen auch die Omega-3-Fettsäuren gehören. Diese Fettsäuren wirken sich positiv auf Diabetes mellitus, Übergewicht, Krebs- und Herz-Kreislauferkrankungen aus.

suppen

Klare Kohlsprossen-Gemüsesuppe

Zutaten für 4 Personen:
500 g Kohlsprossen (Rosenkohl)
1 Süßkartoffel
1/2 Sellerieknolle
1 Stange Lauch (Porree)
1 weiße Zwiebel
1 l Bio-Gemüse-Suppe (Suppenwürfel)
2 EL Liebstöckel
1 EL Rapsöl
1/8 l trockener Weißwein
Salz

Bereiten Sie die Gemüsesuppe mit den Bio-Suppenwürfeln vor.

Schälen und schneiden Sie die Süßkartoffel, die Zwiebel und die Sellerie in kleine Würfel. Entfernen Sie vom Lauch die Enden und die äußerste Schale und schneiden Sie ihn in feine Ringe.

Stellen Sie einen großen Topf mit Öl bereit und schwitzen Sie Zwiebel und Lauch darin 2 Minuten. an. Geben Sie danach auch die Süßkartoffel und das Selleriegemüse dazu und schwitzen Sie alles weitere 2 Minuten an. Löschen Sie nun das Gemüse mit dem Weißwein ab und gießen Sie die Suppe dazu. Geben Sie nun die Kohlsprossen in die Suppe und würzen Sie das Gericht mit Liebstöckel und Salz.

Alles 15 bis 20 Minuten zugedeckt auf kleiner Flamme fertig kochen.

TiPP

Sollten Sie tiefgefrorene Kohlsprossen verwenden, wird die Garzeit etwas kürzer sein.

Zubereitungszeit: ca. 30 Minuten
Nährwert pro Portion: 113 kcal / 3,4 g Fett / 6,6 g Eiweiß / 7,5 g Kohlenhydrate

vegetarisch ✓ Fisch Fleisch low carb no carb ✓

D-INFO

Kohlgemüse zählt zu den gesündesten Gemüsen überhaupt. Die Pflanzenstoffgruppe der Glucosinolate aktiviert diverse Enzymsysteme, die uns vor freien Radikalen schützen und andererseits der Leber beim Entgiften helfen.

Karfiol-Curry-Suppe mit Jakobsmuscheln

Zutaten für 4 Personen:
1 Karfiolkopf (Blumenkohl)
800 ml Wasser
4 Jakobsmuscheln
1 TL Erdnussöl
1/2 Zitrone
2 Bio-Gemüse-Suppenwürfel
(alternativ selbstgemachte Suppe)
2 gestrichene TL Currypulver
100 g Sojasahne light
Salz und Pfeffer

Den Karfiol in Röschen zerteilen und mit dem Wasser, den Suppenwürfeln und dem Currypulver in einem großen Topf 20 Minuten weich kochen. Zwischenzeitlich die Jakobsmuscheln mit Zitrone beträufeln, salzen, pfeffern und mit dem Öl in einer beschichteten Pfanne 1 bis 2 Minuten auf beiden Seiten scharf anbraten. Pfanne und Topf von den Herdplatten nehmen.

Sojasahne zur Suppe geben und mit einem Pürierstab fein pürieren. Die Jakobsmuschel als Einlage mit der Suppe servieren.

Zubereitungszeit: ca. 30 Minuten
Nährwert pro Portion: 143 kcal / 4,2 g Fett / 8,1 g Eiweiß / 15,7 g Kohlenhydrate

vegetarisch   Fisch ✓ Fleisch   low carb   no carb ✓

D-INFO

Karfiol (Blumenkohl) hat viele Vitamine, Mineralstoffe und wertvolle sekundäre Pflanzenstoffe. Die Pflanzenstoffe der Kreuzblütengewächse im Allgemeinen schützen gezielt die Leberzellen.

Coole Gurkensuppe

Zutaten für 4 Personen:
1 große Salatgurke
1 weiße Zwiebel
2 Knoblauchzehen
1/2 Zitrone
125 ml Wasser
1 EL Rapsöl
125 ml fettarme Buttermilch (natur)
1/4 Bund Minze
Salz und Pfeffer

Schälen, entkernen und schneiden Sie die Gurke in kleine Stücke. Die Zwiebel und den Knoblauch schälen, klein hacken und in einem Topf mit dem Rapsöl 2 Minuten anschwitzen. Anschließend mit dem Saft der halben Zitrone und dem Wasser ablöschen. Den Topf vom Herd nehmen und die Gurkenstücke dazugeben. Nach Belieben salzen und pfeffern. Danach die Suppe pürieren und im Kühlschrank kaltstellen. Sobald die Suppe kalt ist, die Buttermilch unterrühren und mit klein geschnittener Minze dekorieren.

Zubereitungszeit: ca. 15 Minuten (plus Kühlzeit)
Nährwert pro Portion: 50 kcal / 2,8 g Fett / 1,8 g Eiweiß / 4,3 g Kohlenhydrate

vegetarisch ✓ Fisch Fleisch low carb no carb ✓

D-INFO

Salatgurken helfen den Nieren, unseren wichtigen Entgiftungsorganen, beim Entgiften, da sie die Urinausscheidung fördern. Die gleiche Wirkung haben Spargel, Stangensellerie und Sellerie. Zwiebeln haben außerordentlich gute Leber- und Nierenschutzwirkungen. Sie können vor UV-Schäden schützen, den Hormonhaushalt regulieren, bieten Schutz gegen Osteoporose und wirken gegen Entzündungen. Knoblauch kann mithelfen, Schwermetalle im Körper abzubauen, verhindert DNA-Schäden, schützt vor UV-Strahlen, weist zahlreiche Anti-Aging-Effekte auf, schützt vor Leberschäden und erhöht das gute Cholesterin.

Fernöstliche Tomatensuppe

Zutaten für 4 Personen:
1,5 kg Tomaten
2 weiße Zwiebeln
2 Knoblauchzehen
350 ml Wasser
1 EL Rapsöl
1 Stück Ingwer (4 cm)
1/2 Bund Koriander

Den Ingwer schälen und fein reiben. Die Tomaten vom Strunk befreien und grob würfeln. Die Zwiebeln und den Knoblauch schälen, hacken und in einem Topf in Rapsöl 2 Minuten anschwitzen. Tomatenwürfel und Ingwer dazugeben und weitere 2 Minuten anschwitzen. Mit Wasser aufgießen, abdecken und auf kleiner Flamme 15 Minuten zugedeckt köcheln lassen.

Den Topf vom Herd nehmen und die Masse durch ein Sieb drücken. Am besten funktioniert das mit einer Passierhilfe. Mit klein gehacktem Koriander dekorieren.

Zubereitungszeit: ca. 30 Minuten
Nährwert pro Portion: 98 kcal / 3,5 g Fett / 4,0 g Eiweiß / 11,9 g Kohlenhydrate

vegetarisch ✓ Fisch Fleisch low carb no carb ✓

D-INFO

Wer Koriander nicht mag, der kann als Alternative Basilikum verwenden. Tomaten enthalten das vielversprechende Karotinoid Lycopin, das die Leber vor Schäden schützen kann, Entzündungen bekämpfen hilft, vor freien Radikalen schützt und Herz-Kreislauf-Erkrankungen vorbeugt. Ingwer verfügt mit seinen Gingerolen über entzündungshemmende und schmerzstillende Eigenschaften. Zusätzlich schützt Ingwer die Leber und kann beim Abbau von Alkohol helfen.

Die Fat-Burner-Suppe

Zutaten für 4 Personen:
1,5 l Wasser
4 Beutel Grüner Tee
2 Bio-Gemüsesuppenwürfel
4 EL Sojasauce
1 Stange Zitronengras
1 Stück Ingwer (ca. 4 cm)
500 g Shiitake-Pilze
200 g Sojasprossen
(Mungobohnensprossen)
1 Bund Koriander
1 Chilischote

Das Wasser zum Kochen bringen und die Suppenwürfel darin auflösen. Anschließend die Teebeutel in der heißen, aber nicht mehr kochenden Suppe ziehen lassen. Die Sojasauce dazugeben. Die Enden des Zitronengrases abschneiden und äußere Schalen entfernen. Der Länge nach in Späne schneiden. Ingwer schälen, in dünne Scheiben schneiden und beides in die Suppe geben. Shiitake-Pilze waschen und halbieren. Der Suppe beimengen und ein paar Minuten leicht mitköcheln lassen. Jetzt die Sojasprossen einige Minuten in der Suppe ziehen lassen. Nicht mitkochen.

Die Korianderblätter von den Stielen abzupfen und die Chilischote klein schneiden. Beides in die Suppe geben.

D-TiPP

Zusätzlich können Sie der Suppe Hühnerfleisch oder Garnelen beimengen.

Zubereitungszeit: ca. 30 Minuten
Nährwert pro Portion: 90 kcal / 3 g Fett / 4 g Eiweiß / 6 g Kohlenhydrate

vegetarisch ✓ Fisch Fleisch low carb no carb ✓

D-INFO

Diese Suppe besteht aus Zutaten, von denen man weiß, dass sie den Fettstoffwechsel günstig beeinflussen. Speziell untersucht und ausgewählt sind Ingwer, Chili, Grüner Tee, Zitronengras und Koriander. Der regelmäßige Genuss des Shiitake soll Beschwerden wie Magenleiden, Kopfschmerzen und Schwindelgefühle lindern. Auch bei Entzündungen, Tumoren, Diabetes, Bluthochdruck, Rheuma, Leberzirrhose und Arteriosklerose soll der Verzehr des Shiitake laut TCM eine heilende Wirkung aufweisen.

salate

Couscous-Salat

Zutaten für 4 Personen:
120 g Vollkorn-Couscous
4 Tomaten
40 g Rosinen
40 g Walnüsse
1 Glas Artischockenherzen (in Wasser)
1 Bund Petersilie
50 g Rucola
1 EL Sesamöl
1/2 Zitrone
Salz und Pfeffer

Bringen Sie 180 ml gesalzenes Wasser zum Kochen. Entkernen und würfeln Sie die Tomaten. Schneiden Sie die Artischocken klein. Hacken Sie den Rucola und die Petersilie ganz fein und die Walnüsse grob. Übergießen Sie den Couscous mit dem heißen Wasser und lassen Sie ihn in einer Schüssel ca. 2 bis 4 Minuten quellen.

Abschließend alle Zutaten miteinander vermengen, mit Salz, Pfeffer, Öl und dem Saft der halben Zitrone abschmecken. Gut durchmischen. Fertig.

Zubereitungszeit: ca. 25 Minuten
Nährwert pro Portion: 256 kcal / 9,6 g Fett / 7,6 g Eiweiß / 35,0 g Kohlenhydrate

vegetarisch ✓ Fisch Fleisch low carb no carb

D-INFO

Artischocken wirken antioxidativ und sind optimale Leberschützer. Sie helfen, den Cholesterinspiegel zu senken und wirken sich positiv auf den Verdauungstrakt aus. Nüsse und Kerne enthalten neben wertvollen Fettsäuren einen hohen Anteil an Vitamin E, Zink und Selen.

Roter Reis-Salat mit Mango

Zutaten für 4 Personen:
150 g roter Reis
1 Mango
1 Bund Frühlingszwiebeln
1/2 Bund Petersilie
3 Knoblauchzehen
1 Stück Ingwer (4 cm)
1 Apfel
50 g Cashewkerne
3 EL dunkle Sojasauce
2 EL Ahornsirup
3 Essiggurken
1 unbehandelte Zitrone
1 EL Sesamöl
1 EL Olivenöl
Salz und Pfeffer

Den Reis in kochendem Salzwasser laut Anleitung kochen (ca. 10 Minuten). Zitronenschale abreiben. Den Apfel schälen, entkernen, klein würfeln und gleich mit dem Saft der Zitrone beträufeln. Die Cashewkerne grob hacken. Alle anderen Zutaten nach Belieben klein schneiden oder hacken.

Das Olivenöl in einer beschichteten Pfanne erhitzen und Zwiebeln, Knoblauch und Ingwer darin 2 bis 3 Minuten anschwitzen. Dann mit dem Ahornsirup und 1 EL Sojasauce ablöschen und weitere 2 Minuten garen lassen.

Geben Sie nun den Reis, die Zwiebel-Knoblauch-Ingwer-Masse, den Apfel, die Mango, die Essiggurken, die Petersilie und die Cashewkerne in eine Schüssel und mischen Sie die Zutaten gut durch. Abschließend mit dem Sesamöl, der restlichen Sojasauce, dem Abrieb der Zitronenschale, Salz und Pfeffer abschmecken.

Zubereitungszeit: ca. 30 Minuten
Nährwert pro Portion: 333 kcal / 10,8 g Fett / 7,2 g Eiweiß / 49,1 g Kohlenhydrate

vegetarisch ✓ Fisch Fleisch low carb no carb

D-INFO

Knoblauch kann mithelfen, Schwermetalle im Körper abzubauen, verhindert DNA-Schäden, schützt vor UV-Strahlen, weist zahlreiche Anti-Aging-Effekte auf, schützt vor Leberschäden und erhöht das gute Cholesterin. Petersilie wirkt harntreibend und hilft somit, Giftstoffe auszuscheiden.

Sardellensalat mit Spargel

Zutaten für 4 Personen:
1 Eisbergsalat
100 g schwarze Oliven
2 Gläser Sardellen
2 kleine Kohlrabis
1 Bund weißer Spargel
50 g große Kapern
1 Bund Frühlingszwiebeln
1 EL Ahornsirup
1/2 Bund Thymian
1 EL Balsamico-Essig
1 TL Olivenöl
4 EL cremiger Magertopfen
(Quark)
Salz und Pfeffer

Spargel schälen und die Enden großzügig abschneiden. Kohlrabi schälen und anschließend gemeinsam mit den Spargelstangen klein schneiden und in gesalzenem Wasser 8 Minuten kochen. Abkühlen lassen. Die Frühlingszwiebeln vom harten Grün trennen, klein schneiden und mit dem Olivenöl in einer beschichteten Pfanne 2 Minuten anschwitzen. Heben Sie das Öl eines Sardellenglases für das Dressing auf. Nun den Salat, die Sardellen, die Oliven und die Kapern klein schneiden. Geben Sie alle Zutaten in eine Schüssel.

Für das Dressing das Sardellenglas-Öl, den Ahornsirup, den abgerebelten Thymian, Salz, Pfeffer, Balsamico-Essig und Topfen vermischen. Das Dressing sorgfältig mit dem Salat vermengen.

TiPP

Wenn Sie wollen, dann fügen Sie dem Spargel-Kochwasser eine Scheibe altes Brot, einen Schuss Zitrone und etwas Zucker bei. Dieser alte Trick führt dazu, dass dem Spargel die Bitterstoffe entzogen werden. Außerhalb der Spargelsaison können Sie auch auf Spargel im Glas zurückgreifen.

Zubereitungszeit: ca. 20 Minuten
Nährwert pro Portion: 237 kcal / 12,0 g Fett / 18,0 g Eiweiß / 10,2 g Kohlenhydrate

vegetarisch Fisch ✓ Fleisch low carb no carb ✓

D-INFO

Spargel hilft den Nieren, unseren wichtigen Entgiftungsorganen, beim Entgiften, da er die Urinausscheidung fördert. Die gleiche Wirkung haben Salatgurken, Stangensellerie und Sellerie.

Buttermilchsalat mit Rosmarin-Huhn

Zutaten für 4 Personen:
600 g Hühnerfilet
1 Salatkopf (z.B. Frisee)
250 ml fettarme Buttermilch (natur)
2 große rote Grapefruits
2 Rosmarinzweige
40 g Mandeln (natur)
1 unbehandelte Zitrone
1 EL Olivenöl
1 EL Rapsöl
Salz und Pfeffer

Schneiden Sie das Fleisch in grobe Stücke und geben Sie es in eine Schüssel. In einem Gefäß 100 ml Buttermilch, den Abrieb einer halben Zitrone, etwas Salz und Pfeffer vermischen. Das Huhn darin 15 Minuten marinieren.

Zwischenzeitlich den Salat waschen und in kleine Blattstücke zerteilen. Den Rosmarin fein hacken, die Grapefruits schälen und filetieren und die Mandeln grob hacken. Richten Sie den Salat auf Tellern an und drapieren Sie die Grapefruitfilets darüber.

Für das Dressing: Vermischen Sie 150 ml Buttermilch, den Abrieb einer halben Zitrone, das Olivenöl, den zuvor gehackten Rosmarin, Salz und Pfeffer. Verteilen Sie jetzt einen Teil des Dressings über den Salat.

Gießen Sie die Marinade des Fleisches ab und trocknen Sie die Fleischstücke mit etwas Küchenrolle. Erhitzen Sie eine beschichtete Pfanne und braten Sie das Fleisch mit dem Rapsöl etwa 6 Minuten. Verteilen Sie das Fleisch über den Salat, streuen Sie die Mandeln darüber und geben Sie den Rest des Dressings dazu. Fertig.

Zubereitungszeit: ca. 30 Minuten
Nährwert pro Portion: 355 kcal / 12,5 g Fett / 41,7 g Eiweiß / 15,1 g Kohlenhydrate

vegetarisch   Fisch   Fleisch ✓   low carb ✓   no carb

D-INFO

Grapefruits enthalten viele wertvolle bioaktive Substanzen, u.a. Polyphenole, die der Frucht ihren bitteren Geschmack geben. Grapefruits helfen der Leber beim Entgiften und können Zellschäden durch Lebertoxine verhindern. Rosmarin steigert die Enzymaktivität der Leber und wirkt somit entgiftend.

Reisnudelsalat

Zutaten für 4 Personen:
125 g Reisnudeln
1 Kopf Brokkoli
1 halbe Papaya
1 Stange Zitronengras
1 Stück Ingwer (3 cm)
4 Paranüsse
4 EL Sojasauce
2 EL Reisessig
1 EL Sesamöl
1 EL schwarzer Sesam
Salz

Die Nudeln laut Anleitung kochen und auskühlen lassen. Den Brokkoli klein schneiden und etwa 6 bis 7 Minuten in gesalzenem Wasser kochen, dann mit kaltem Wasser abschrecken. Der Brokkoli soll bissfest bleiben. Ingwer schälen und klein hacken. Das Zitronengras von den äußeren harten Schalen befreien und ganz klein schneiden. Die Papaya schälen, entkernen und klein schneiden. Die Paranüsse grob hacken. Geben Sie nun alle Zutaten in eine Schüssel.

Für das Dressing: 4 EL Wasser, Sojasauce, Sesamöl und Reisessig vermengen und über die restlichen Zutaten gießen. Abschließend den Sesam darüberstreuen, mit Salz abschmecken und alles gut vermengen.

Zubereitungszeit: ca. 30 Minuten
Nährwert pro Portion: 206 kcal / 6,5 g Fett / 6,5 g Eiweiß / 29,3 g Kohlenhydrate

vegetarisch ✓ Fisch Fleisch low carb no carb

D-INFO

Brokkoli verfügt über das erwähnenswerte Sulforaphan. Dieser Inhaltsstoff hemmt die Entstehung von Darmkrebszellen. Die Pflanzenstoffe der Kreuzblütengewächse im Allgemeinen schützen gezielt die Leberzellen. Zitronengras (Lemongras) enthält das ätherische Öl Citral, das gefährliche Kohlenwasserstoffe entschärfen kann. Sesam hilft, Leberschäden zu verhindern, vermindert die Belastung durch Sauerstoffradikale und wirkt sich auch auf die Nieren positiv aus.

Asiatischer Knabbersalat

Zutaten für 4 Personen:
1 kleiner Chinakohl
1 roter Paprika
200 g Karotten
1 Avocado
1 Bund Frühlingszwiebeln
200 g geräucherter Tofu
1 Stück Ingwer (4 cm)
1 Pkg. Bio-Knabber-Soja (erhältlich im Supermarkt)

Für das Dressing:
1 EL Sesamöl, 4 EL Sojasauce,
1/16 l Wasser und
schwarzer Sesam

Schneiden Sie Chinakohl, Paprika (vorher entkernen), Tofu und Frühlingszwiebeln klein und geben Sie alles in eine Schüssel. Schälen Sie die Avocado, den Ingwer und die Karotten. Entkernen Sie die Avocado und würfeln Sie sie klein. Hacken Sie den Ingwer ganz fein und schälen Sie die Karotten der Länge nach in Streifen. Alle Zutaten in der Schüssel gut vermengen.

Für das Dressing die flüssigen Zutaten sorgfältig miteinander mischen. Den Salat damit marinieren. Streuen Sie abschließend den Sesam und das Knabbersoja über die angerichteten Teller.

Zubereitungszeit: ca. 30 Minuten
Nährwert pro Portion: 320 kcal / 22,7 g Fett / 16,6 g Eiweiß / 12,2 g Kohlenhydrate

vegetarisch ✓ Fisch Fleisch low carb no carb ✓

D-INFO

Paprika, Chili & Co. enthalten neben Vitamin C das so genannte Capsaicin. Dieses wirkt antibakteriell, pilzbekämpfend und entgiftend. Karotten sind voller Karotinoide, die als wirksame Antioxidantien gelten. Außerdem tragen sie zum Erhalt der Sehkraft bei. Avocados verfügen über ein entgiftungsrelevantes Enzym und mehrfach ungesättigte Fettsäuren. Aber Vorsicht: Sie sind sehr fett.

Asian Coleslaw Salad

Zutaten für 4 Personen:
1 kleiner Krautkopf (ca. 600 g)
250 g Karotten
2 Knoblauchzehen
1 Bund Frühlingszwiebeln
1 Stück Ingwer (3 cm)
1 Stange Zitronengras
50 g Cashewkerne
40 g Cranberrys
1 EL Ahornsirup
1 EL Sojasauce
1 EL Sesamöl
Salz

Für das Dressing:
4 EL Sojasauce, 1 EL Erdnussöl,
100 g Magertopfen (Quark),
2 EL Reisessig, 4 EL Wasser

Das Kraut in dünne Streifen schneiden und mit dem ganz fein gehackten Ingwer in eine große Schüssel geben. Die Cashewkerne in einer beschichteten Pfanne ohne Fett 1 bis 2 Minuten bräunen, danach klein hacken. Zwiebeln, Knoblauch, Karotten und Zitronengras schälen und schneiden. Schwitzen Sie alles in einer Pfanne mit dem Sesamöl an und löschen Sie es nach 2 Minuten mit der Sojasauce und dem Ahornsirup ab. Lassen Sie es weitere 1 bis 2 Minuten köcheln.

Pfanne vom Herd nehmen und die warmen Zutaten über das Kraut geben. Die Cashewkerne und die Cranberrys ebenfalls dazugeben.

Die Zutaten für das Dressing mischen und den Salat damit marinieren.

Zubereitungszeit: ca. 30 Minuten
Nährwert pro Portion: 230 kcal / 9,1 g Fett / 11,3 g Eiweiß / 23,6 g Kohlenhydrate

vegetarisch ✓ Fisch Fleisch low carb ✓ no carb

D-INFO

Kohlgemüse, und somit auch Kraut, zählt zu den gesündesten Gemüsen überhaupt. Die Pflanzenstoffgruppe der Glucosinolate aktiviert diverse Enzymsysteme, die uns einerseits vor freien Radikalen schützen und andererseits der Leber beim Entgiften helfen. Cranberrys und Preiselbeeren verfügen neben vielen Vitaminen und Spurenelementen über eine Mischung von sekundären Pflanzenstoffen, die als vielversprechendes Antioxidans und wertvoller Schutz der Leber angesehen werden kann.

Fruchtiger Tofusalat

Zutaten für 4 Personen:
250 g Zwetschken (Pflaumen)
2 Birnen
200 g geräucherter Tofu
1 Pkg. Baby-Spinat
2 TL Kräuter der Provence
30 g Mandelsplitter

Für das Dressing:
2 EL Olivenöl, 2 EL Sojasauce,
1 EL Balsamico-Essig,
1 EL Wasser und Salz

Schneiden Sie den Tofu und das Obst in mundgerechte Stücke. Geben Sie alle Zutaten in eine Schüssel. Streuen Sie die Kräuter darüber und gießen Sie das zuvor zubereitete Dressing darüber. Alles gut durchmischen. Fertig.

D-TiPP

Je nach Saison variiert das Angebot an Obstsorten. Ersetzen Sie je nach Verfügbarkeit die Zwetschken durch Pfirsiche. Schmeckt und passt ebenfalls ausgezeichnet!

Zubereitungszeit: ca. 5 bis 10 Minuten
Nährwert pro Portion: 216 kcal / 12,2 g Fett / 9,5 g Eiweiß / 14,0 g Kohlenhydrate

vegetarisch ✓ Fisch Fleisch low carb no carb ✓

D-INFO

Soja und alle anderen Hülsenfrüchte verfügen über sehr gut untersuchte Isoflavone. Diese Pflanzenhormone haben eine sehr gute Leberschutzwirkung. Hülsenfrüchte sind außerdem eine willkommene Eiweißquelle mit sehr vielen Ballaststoffen.

Lauwarmer Orangen-Fenchelsalat

Zutaten für 4 Personen:
2 Fenchelknollen
2 große Orangen
150 g frischen Baby-Spinat
100 g kernlose schwarze Oliven
1 EL Olivenöl
2 EL Grand Marnier
Salz

Für das Dressing:
2 EL Apfelessig, 1 EL Olivenöl,
2 EL Wasser und Salz

Entfernen Sie Strunk und Austriebe des Fenchels. Danach die Knolle in feine Streifen schneiden und mit 1 EL Öl 2 bis 3 Minuten in einem Topf anschwitzen. Anschließend mit Grand Marnier ablöschen, salzen und das Gemüse weitere 10 Minuten auf kleiner Flamme zugedeckt garen lassen. Nehmen Sie danach den Topf vom Herd und lassen Sie ihn auskühlen. Schälen und filetieren Sie zwischenzeitlich die Orangen, halbieren Sie die Oliven und bereiten Sie das Dressing zu. Mischen Sie abschließend alle Zutaten (auch den Spinat) mit dem Dressing. Salat lauwarm servieren.

D-TiPP

Trinken Sie ab und zu mal ein Glas Granatapfelsaft. Dieser belegt bei den Detox-Säften Platz 1!

Zubereitungszeit: ca. 20 Minuten
Nährwert pro Portion: 186 kcal / 13,0 g Fett / 2,8 g Eiweiß / 7,4 g Kohlenhydrate

vegetarisch ✓ Fisch   Fleisch   low carb   no carb ✓

Ländlicher Karfiolsalat

Zutaten für 4 Personen:
2 Baby-Salatherzen
(oder 1 kl. Eisbergsalat)
250 g Cocktailtomaten
1 Karfiol (Blumenkohl)
2 Weingarten-Pfirsiche
1 Stange Lauch (Porree)
1 Bund Schnittlauch
Etwas frisch geriebener Kren
(Meerrettich)

Für das Dressing:
2 EL Kürbiskernöl, Salz, Saft
einer 1/2 Zitrone

Gesalzenes Wasser in einem großen Topf zum Kochen bringen. Strunk des Karfiols entfernen, Karfiol in einzelne Röschen zerteilen und im Wasser 8 bis 10 Minuten kochen. Röschen mit kaltem Wasser abschrecken.

Salatherzen, Porree, Schnittlauch und Pfirsiche klein schneiden und die Tomaten halbieren. Alle Zutaten in einer Schüssel mischen und mit dem Dressing marinieren. Reiben Sie abschließend etwas frischen Kren über den Salat.

Zubereitungszeit: ca. 30 Minuten
Nährwert pro Portion: 125 kcal / 5,0 g Fett / 3,8 g Eiweiß / 12,6 g Kohlenhydrate

vegetarisch ✓ Fisch Fleisch low carb no carb ✓

D-INFO

Kartiol (Blumenkohl) hat viele Vitamine, Mineralstoffe und wertvolle sekundäre Pflanzenstoffe. Die Pflanzenstoffe der Kreuzblütengewächse im Allgemeinen schützen gezielt die Leberzellen. Das in Lauchgewächsen enthaltene Allicin kann mithelfen, Schwermetalle im Körper abzubauen, verhindert DNA-Schäden, schützt vor UV-Strahlen, weist zahlreiche Anti-Aging-Effekte auf, schützt vor Leberschäden und erhöht das gute Cholesterin.

Vogerlsalat de luxe

Zutaten für 4 Personen:
1 Pkg. Vogerlsalat (Feldsalat)
200 g Flusskrebse
150 g Austernpilze
1 Glas Artischockenherzen (in Wasser)
6 Cocktailtomaten
1 Limette
1 Bund Dill
1 Grapefruit
Weißweinessig und Chiliöl
Salz

Austernpilze in kleine Stücke schneiden, mit etwas Chiliöl 3 Minuten in einer beschichteten Pfanne anrösten und dann auskühlen lassen. Flusskrebse mit dem Saft einer Limette beträufeln und mit dem klein geschnittenen Dill vermengen. Cocktailtomaten halbieren, die Grapefruit filetieren, die Artischocken vierteln und den Salat waschen. Alle Zutaten miteinander vermengen und mit Salz und Weißweinessig abschmecken.

TiPP

Waschen Sie die Flusskrebse und legen Sie sie in die Limetten-Dill-Mischung ein. Dadurch verlieren Meeresfrüchte ihren manchmal fischigen Beigeschmack. Die warmen Zutaten müssen abkühlen, sonst fällt der Vogerlsalat zusammen. Statt der Artischocken eignet sich auch Spargel, wenn dieser zur Verfügung steht. Als Ergänzung können Sie einen Löffel Forellenkaviar auf jede Portion geben, das rundet das Gericht wunderbar ab.

Zubereitungszeit: ca. 20 Minuten
Nährwert pro Portion: 125 kcal / 2,0 g Fett / 14,0 g Eiweiß / 9,0 g Kohlenhydrate

vegetarisch   Fisch ✓   Fleisch   low carb   no carb ✓

D-INFO

Zu Chili und Grapefruit gibt es Studien, die zeigen, dass beide Lebensmittel sich positiv auf den Fettstoffwechsel auswirken und so beim Abnehmen helfen können. Artischocken unterstützen die Verdauung und helfen der Leber bei der Entgiftung. Spargel wirkt harntreibend und kann so dabei helfen, überschüssig eingelagertes Wasser auszuscheiden.

Dreierlei „cheesy" Sandwiches

Variante I – Thunfisch

Zutaten für 1 Sandwich:
2 Scheiben Vollkornbrot
1 Salatblatt
1/2 Packung magerer Hüttenkäse
1/2 Dose Thunfisch (in Wasser)
6–7 Basilikumblätter
1 TL Tomatenmark
1 Kirschtomate
Salz
1 Holzspieß

(links im Bild)

Bestreichen Sie eine Scheibe Brot mit Tomatenmark und belegen es mit dem Salatblatt. Drücken Sie es fest an. Mixen Sie den Hüttenkäse, das Basilikum und den Thunfisch in einer elektrischen Kräutermühle bzw. mit dem Pürierstab und salzen Sie nach Belieben. Das Ganze soll eine homogene Masse werden. Geben Sie den Aufstrich auf das Salatblatt und bedecken Sie ihn mit der zweiten Brotscheibe. Fixieren Sie das Sandwich mit dem Spieß und der Tomate.

Zubereitungszeit: ca. 5 Minuten
Nährwert pro Sandwich: 353 kcal / 4,3 g Fett
42,2 g Eiweiß / 39,6 g Kohlenhydrate

vegetarisch Fisch ✓ Fleisch low carb no carb

Variante II – Curry

Zutaten für 1 Sandwich:
2 Scheiben Vollkornbrot
1 Salatblatt
1/2 Pkg. magerer Hüttenkäse
1 TL Currypulver
1 Kirschtomate
Salz
1 Holzspieß

(rechts im Bild)

Belegen Sie eine Scheibe Brot mit dem Salatblatt. Drücken Sie es fest an. Mischen Sie den Hüttenkäse mit dem Currypulver und salzen Sie nach Beliebem. Geben Sie den Aufstrich auf das Salatblatt und bedecken Sie ihn mit der zweiten Brotscheibe. Fixieren Sie das Sandwich mit dem Spieß und der Tomate.

Zubereitungszeit: ca. 5 Minuten
Nährwert pro Sandwich: 261 kcal / 3,8 g Fett
21,7 g Eiweiß / 39,2 g Kohlenhydrate

vegetarisch ✓ Fisch Fleisch low carb no carb

D-INFO

Auch Vollkorn bedeutet Detox! Es hält den Blutzuckerspiegel stabil und enthält wertvolle Vitamine und Spurenelemente. Die Ballaststoffe schützen vor Krebs, senken das Cholesterin und regulieren die Verdauung.
Fisch verfügt über mehrfach ungesättigte Fettsäuren, zu denen auch die Omega-3-Fettsäuren gehören. Diese Fettsäuren wirken sich positiv auf Diabetes mellitus, Übergewicht, Krebs- und Herz-Kreislauf-Erkrankungen aus.

Variante III – Paprika & Kresse

Zutaten für 1 Sandwich:
2 Scheiben Vollkornbrot
1 Salatblatt
1/2 Packung magerer Hüttenkäse
1/4 roter Paprika
1 EL frische Kresse
1 TL Dijon-Senf
1 Kirschtomate
Salz
1 Holzspieß

(Bildmitte S. 83)

Bestreichen Sie eine Scheibe Brot mit Dijon-Senf und belegen Sie sie mit dem Salatblatt. Drücken Sie es fest an. Würfeln Sie den Paprika ganz klein und mischen Sie ihn gemeinsam mit der Kresse unter den Hüttenkäse. Vermischen Sie alles gut miteinander und salzen Sie nach Belieben. Geben Sie den Aufstrich auf das Salatblatt und bedecken Sie ihn mit der zweiten Brotscheibe. Fixieren Sie das Sandwich mit dem Spieß und der Tomate.

Zubereitungszeit: ca. 5 Minuten
Nährwert pro Sandwich: 282 kcal / 4,3 g Fett / 22,3 g Eiweiß / 40,8 g Kohlenhydrate

vegetarisch ✓ Fisch Fleisch low carb no carb

D-INFO

Senf führt zu einer signifikanten Erhöhung bestimmter antioxidativer Enzyme. Kresse und alle andere Sprossen sind besonders reich an Vitaminen, Antioxidantien und Spurenelementen.

Die Grüne Pizza

Zutaten für 1 Pizza für 4 Personen:

Für den Teig:

120 g Vollkornmehl
1/2 Würfel Germ (Hefe)
80 ml Wasser
1 EL Olivenöl
1 Prise Salz

Für den Belag:

200 g junger passierter Spinat
(tiefgefroren)
1/2 grüner Paprika
1 Glas Artischockenherzen (in Wasser)
100 g thailändischer Spargel
(alternativ grüner Spargel)
1/2 Bund Basilikum
200 g fettarmer Schafskäse
(oder fettarmer Mozzarella)

Mehl, Germ und Wasser in eine Schüssel geben und mit einem Knethaken oder einer Küchenmaschine vermischen. Nach einer Minute Olivenöl und Salz hinzufügen und die Masse zu einem gleichmäßigen Teig kneten. Lassen Sie den Teig nun bei etwa 35° C (über der Heizung oder im Backofen) 15 Minuten gehen. Zwischenzeitlich alle Zutaten klein schneiden und den Spinat laut Packungsanleitung zubereiten. Heizen Sie den Backofen auf 250° C vor.

Den Teig nach der Gehzeit ganz dünn ausrollen, nach Belieben formen und auf ein mit Backpapier belegtes Backblech legen. Pizzaboden zuerst mit dem Spinat bestreichen, dann die restlichen Zutaten darauf verteilen. Schließen Sie mit dem Käse und dem Basilikum ab. Backen Sie die Pizza 15 Minuten im Ofen.

Zubereitungszeit: ca. 45 Minuten

Nährwert pro Portion: 233 kcal / 7,5 g Fett / 17,3 g Eiweiß / 23,2 g Kohlenhydrate

vegetarisch ✓ Fisch Fleisch low carb no carb

D-INFO

Artischocken wirken antioxidativ und sind optimale Leberschützer. Sie helfen, den Cholesterinspiegel zu senken und wirken sich positiv auf den Verdauungstrakt aus. Basilikum besticht durch seine antioxidativen Eigenschaften und seinen Stellenwert in Bezug auf die Krebsprophylaxe. Zudem wirkt es antibakteriell sowie blutzucker- und blutdruckregulierend.

Quinoa-Gemüsepfanne

Zutaten für 4 Personen:
2 Melanzani (Auberginen)
150 g Austernpilze
1 Avocado
100 g Quinoa
8–10 Thymianzweige
1 EL Olivenöl
Salz und Pfeffer

Heizen Sie den Backofen auf 200° C vor und stellen Sie ein Backblech mit Backpapier bereit. Melanzani in ganz kleine Würfel schneiden, salzen und 15 Minuten in den Ofen geben. Zwischenzeitlich die Avocado schälen, entkernen und ebenfalls klein würfeln.

Quinoa laut Anleitung zubereiten, Pilze klein schneiden und Thymianblätter abrebeln. Braten Sie jetzt die Pilze in einer beschichteten Pfanne mit dem Öl 2 bis 3 Minuten scharf an. Avocadostücke, Thymian und Quinoa dazugeben und alles weitere 2 bis 3 Minuten braten. Melanzaniwürfel aus dem Ofen nehmen und mit den restlichen Zutaten in der Pfanne mischen. Alles weitere 3 bis 4 Minuten in der Pfanne lassen, nach Belieben salzen und pfeffern.

Zubereitungszeit: ca. 30 Minuten
Nährwert pro Portion: 262 kcal / 17,0 g Fett / 7,4 g Eiweiß / 17,6 g Kohlenhydrate

vegetarisch ✓ Fisch Fleisch low carb no carb

D-INFO

Bereiten Sie Melanzani (Auberginen) ab heute immer im Backrohr zu. Sie brauchen dafür kein Fett! Wenn Sie die Melanzani in einer Pfanne mit Öl zubereiten, saugt die Frucht das gesamte Fett auf und wird zu einer „öligen Angelegenheit".

Kartoffel-Kurkuma-Kraut

Zutaten für 4 Personen:
500 g Sauerkraut (vorgekocht)
60 g getrocknete Marillen (Aprikosen)
60 g schwarze Linsen
600 g mehlige Kartoffeln
250 ml Bio-Gemüse-Suppe (Suppenwürfel)
1 TL süßes Paprikapulver
1 TL Kümmel
1 TL gemahlener Kurkuma (Gelbwurz)
1 EL Currypulver
1 weiße Zwiebel
1 EL Olivenöl

Bereiten Sie mit 250 ml Wasser und einem halben Bio-Gemüse-Suppenwürfel die Gemüsesuppe vor. Kartoffeln und Zwiebel schälen und klein würfeln. Zwiebel in einem großen Topf mit Öl 2 Minuten anschwitzen, Paprikapulver untermischen und mit der Gemüsebrühe aufgießen. Kartoffeln, Linsen (die Kochzeit von Linsen kann variieren), den Kümmel, Kurkuma und das Currypulver dazugeben und 20 Minuten zugedeckt auf kleiner Flamme kochen. Mengen Sie zum Schluss noch die gehackten Marillen und das Kraut bei und lassen Sie den Topf weitere 3 bis 4 Minuten am Herd.

TiPP

Natürlich können Sie sowohl das Sauerkraut als auch die Gemüsesuppe selbst herstellen. Aus Zeitgründen habe ich mich für die schnellere Variante entschieden.

Zubereitungszeit: ca. 35 Minuten
Nährwert pro Portion: 252 kcal / 3,9 g Fett / 10,1 g Eiweiß / 40,8 g Kohlenhydrate

vegetarisch  Fisch Fleisch low carb no carb

D-INFO

Das im Kurkuma enthaltene Curcumin hat eine ausgesprochen hohe antioxidative Kapazität und kann somit vor Erkrankungen schützen, die durch eine übermäßige Belastung durch freie Radikale entstehen.

Spaghetti vegginese

Ladies, testet eure Männer! Servieren Sie Ihrem Mann das Gericht, ohne zu erwähnen, dass es sich dabei um Soja und nicht um Fleisch handelt. Sie werden sehen, er wird den Unterschied nicht merken.

Zutaten für 4 Personen:
400 g Vollkorn-Spaghetti
150 g Sojagranulat
200 g Karotten
1 gelber Paprika
1 kg passierte Tomaten
1 weiße Zwiebel
50 g kleine Kapern
100 g kernlose grüne Oliven
4 Knoblauchzehen
4 EL Tomatenmark
250 ml kräftiger Rotwein
6 Tropfen Tabasco-Sauce
1/2 Bund Petersilie
1 EL Oregano
1 TL süßes Paprikapulver
1/2 TL Zimt
1 EL Olivenöl
Salz und Pfeffer

Lassen Sie das Sojagranulat in 300 ml Wasser 10 Minuten quellen. Karotten und die Zwiebel schälen und beides besonders klein würfeln. Paprika entkernen und in kleine Stücke schneiden. Oliven halbieren und Petersilie klein hacken. Öl in einem großen Topf erhitzen, Zwiebel und Karotten 2 bis 3 Minuten anschwitzen. Mit einem Schuss Wein (nicht mit dem ganzen) ablöschen.

Passierte Tomaten, Kapern, Oliven, die geschälten Knoblauchzehen im Ganzen, Paprika und Paprikapulver, Zimt, Tabasco, Petersilie, Oregano und Tomatenmark dazugeben und gut umrühren. Sobald alles erwärmt ist, das Sojagranulat untermengen, damit es die Aromen und die Tomatensauce aufnehmen kann. Geben Sie immer wieder ein bisschen vom Wein dazu, bis er verbraucht ist. Salzen und pfeffern Sie alles nach Belieben und lassen Sie das Ganze 30 Minuten auf kleiner Flamme einkochen. Rühren Sie ab und zu um.

Zeitgerecht die Nudeln al dente kochen.

TiPP

Probieren Sie das Gericht auch einmal in der „No carb"-Variante ohne Nudeln. Ebenso sehr gut geeignet für unterwegs! Am nächsten Tag schmeckt das Ganze noch besser! Kochen Sie also ruhig einmal größere Mengen davon. Lässt sich auch gut einfrieren.

Zubereitungszeit: ca. 45 Minuten
Nährwert pro Portion: 669 kcal / 12,8 g Fett / 38,9 g Eiweiß / 85,6 g Kohlenhydrate

vegetarisch ✓ Fisch Fleisch low carb no carb

3 x Slim-Frittatas!

Eine Frittata ist ein italienisches Omelett. Da die Italiener der üppigen Küche nicht gerade abgeneigt sind, habe ich für Sie 3 Slim-Varianten kreiert, die nicht nur Ihre Hüften schonen, sondern die Kilos zum Purzeln bringen. Gleich ausprobieren!

Scharfe Lauch-Pilz-Frittata

Zutaten für 4 Personen:
1 große Stange Lauch (Porree)
150 g Austernpilze
1 Schuss Magermilch
8 Eiklar (Eiweiß) und 2 ganze Eier
2 EL Currypulver
1 Chilischote
Salz und Pfeffer

Den Backofen bei Ober- und Unterhitze auf ca. 200° C vorheizen. Lauch in dünne Ringe und Austernpilze in mundgerechte Stücke schneiden. Beide Zutaten in eine Auflaufform geben. In einem Gefäß Eier, Eiklar, Magermilch, Salz, Pfeffer, die bereits klein geschnittene Chilischote und das Currypulver mit einem Schneebesen gründlich verquirlen und über das Gemüse in der Auflaufform verteilen. Die Frittata dann bei 200° C ca. 25 Minuten backen, bis die Masse fest ist.

Tipp: Verwenden Sie immer relativ flache Auflaufformen für Ihre Frittata. Wenn die Form zu tief ist, kann es zu längeren Backzeiten kommen.

D-TiPP

Sie können bei der Auswahl der Gemüsesorten und der Gewürze beliebig variieren. Vermeiden Sie jedoch Gemüsesorten, die beim Backen viel Flüssigkeit verlieren (z.B. Tomaten). Verwenden Sie viele frische Kräuter, denn diese enthalten wertvolle Vitamine und Spurenelemente! Sehr gut eignen sich auch Sojasprossen oder Paprika.

Zubereitungszeit: ca. 30 Minuten
Nährwert pro Portion: 130 kcal / 4,0 g Fett / 15,0 g Eiweiß / 6,0 g Kohlenhydrate

vegetarisch ✓ Fisch   Fleisch   low carb   no carb ✓

D-INFO

Pilze und Lauch sind sehr kalorienarm. Durch das Weglassen des Eigelbs reduzieren Sie Ihre Cholesterin- und Energiezufuhr. Eigelb enthält tierische Fette, speziell die Arachidonsäure, eine Omega-6-Fettsäure, die maßgeblich an Entzündungen in unserem Körper beteiligt ist. Das Verhältnis von Omega-3- zu Omega-6-Fettsäuren, die wir mit der Nahrung aufnehmen, liegt heutzutage bei etwa 1:50. Wünschenswert wäre ein Verhältnis von 1:5 bis 1:10.

Spargel-Frittata mit Bresaola

Zutaten für 4 Personen:
8 Eiklar (Eiweiß) und
2 ganze Eier
2 Gläser weißer Spargel
1 TL Rapsöl
1 Schuss Magermilch
1/2 Bund Petersilie
80 g Bresaola (luftgetrockneter Rinderschinken)
1 Schuss Mineralwasser
2 EL Parmesan
2 EL schwarzer Sesam
Salz und Pfeffer

Heizen Sie den Backofen auf 200° C vor. Schneiden Sie die Spargelstangen in 3 cm lange Stücke, die Bresaola in Streifen und hacken Sie die Petersilie klein. Fetten Sie eine ofenfeste Auflaufform mit dem Öl ein und befüllen Sie diese abwechselnd mit Spargel, Bresaola und Petersilie. Nach Belieben salzen. Geben Sie Eiklar, Eier, Milch, Salz, Pfeffer, Sesam und Mineralwasser in eine Schüssel und verquirlen Sie alles miteinander. Diese Masse über die Zutaten in der Auflaufform leeren. Die Frittata 20 Minuten im Ofen backen, danach mit wenig Parmesan bestreuen und weitere 5 Minuten im Ofen lassen.

Zubereitungszeit: ca. 35 Minuten
Nährwert pro Portion: 238 kcal / 14,1 g Fett / 25,8 g Eiweiß / 5,3 g Kohlenhydrate

vegetarisch   Fisch   Fleisch ✓ low carb   no carb ✓

D-INFO

Spargel hilft den Nieren, unseren wichtigen Entgiftungsorganen, beim Entgiften, da er die Urinausscheidung fördert. Die gleiche Wirkung haben Salatgurken, Stangensellerie und Sellerie.

Zucchini-Frittata

Zutaten für 4 Personen:
2 Zucchini
8 Eiklar (Eiweiß) und 2 ganze Eier
1 Schuss Magermilch
1/2 Bund Basilikum
1 TL Rapsöl
Salz und Pfeffer

Heizen Sie den Backofen auf 200° C vor. Zucchini mit einer Reibe fein raspeln, salzen und 5 Minuten ziehen lassen. So wird den Zucchini das Wasser entzogen. Trennen Sie inzwischen die Eier und schneiden Sie das Basilikum klein. Geben Sie alle Zutaten (außer den Zucchini) in eine Schüssel und vermengen Sie alles mit einem Schneebesen oder einer Gabel. Salzen und pfeffern Sie nach Belieben.

Fetten Sie eine ofenfeste Form mit ganz wenig Rapsöl ein. Legen Sie die Zucchini auf ein Stück Küchenrolle und pressen Sie das restliche Wasser aus. Das Gemüse mit der Eimasse mischen und die Frittata in der ofenfesten Form 25 Minuten backen.

TiPP

Sie können die Frittata auch in der Pfanne zubereiten – dann geht es noch schneller.

Zubereitungszeit: ca. 35 Minuten
Nährwert pro Portion: 119 kcal / 6,5 g Fett / 14,5 g Eiweiß / 3,3 g Kohlenhydrate

vegetarisch ✓ Fisch Fleisch low carb no carb ✓

D-INFO

Basilikum besticht durch seine antioxidativen Eigenschaften und seinen Stellenwert in Bezug auf die Krebsprophylaxe. Zudem wirkt es antibakteriell sowie blutzucker- und blutdruckregulierend.

Zucchinischiffchen

Zutaten für 4 Personen:
4 Zucchini
50 g Sojagranulat
1/2 Bund Petersilie
1 Pkg. gewürfelte Tomaten
3 EL Tomatenmark
1 unbehandelte Zitrone
2 Knoblauchzehen
100 g Kapern
30 g Parmesan
Salz

Heizen Sie den Backofen auf 200° C vor. Lassen Sie das Sojagranulat in 100 ml Wasser 15 Minuten quellen. Halbieren Sie die Zucchini der Länge nach und entfernen Sie mit einem Löffel das Fruchtfleisch, so dass aus den Zucchinihälften kleine Schiffchen entstehen. Hacken Sie die Kapern, den geschälten Knoblauch, die Petersilie und das entfernte Zucchinifleisch ganz klein und geben Sie alles in eine Schüssel. Zitroneschale abreiben und mit dem Sojagranulat, den Tomaten und dem Tomatenmark mischen. Mit Salz abschmecken und mit den übrigen Zutaten vermengen. Die Masse in die vorbereiteten Schiffchen füllen, hauchdünn mit Parmesan bestreuen und 15 Minuten im Ofen braten. Für die letzten 5 Minuten die Grillfunktion einschalten (wenn möglich).

Zubereitungszeit: ca. 35 Minuten
Nährwert pro Portion: 137 kcal / 3,6 g Fett / 14,5 g Eiweiß / 11,4 g Kohlenhydrate

vegetarisch ✓ Fisch Fleisch low carb no carb ✓

D-INFO

Petersilie enthält verhältnismäßig viel Vitamin C. Und das enthaltene Apigenin wirkt antientzündlich, antioxidativ und schützt vor Krebs. Zusätzlich sorgt die harntreibende Wirkung für die Ausscheidung von Giftstoffen.

Die „I did it my way"-Kohlroulade

Zutaten für 4 Personen:
200 g geräucherter Tofu
50 g getrocknete Tomaten (ohne Öl)
50 g kernlose schwarze Oliven
50 g kleine Kapern
1 Ei
3 EL Vollkorn-Semmelbrösel
(Paniermehl)
4 Kohlblätter
Alufolie

Bringen Sie Wasser in einem großen Topf zum Kochen. Tofu über einer großen Schüssel zerbröseln. Tomaten, Oliven und Kapern ganz fein schneiden und mit dem Ei und den Semmelbröseln in die Schüssel geben. Vermengen Sie alles zu einer homogenen Masse.

Nehmen Sie das kochende Wasser vom Herd und blanchieren Sie 4 einzelne Kohlblätter darin. Das dauert etwa 1 Minute. Befüllen Sie die 4 blanchierten Kohlblätter mit jeweils einem Viertel der Masse und rollen Sie sie zu einer Roulade. Um die Form zu erhalten, packen Sie abschließend jede Roulade fest in Alufolie ein. Lassen Sie die Rouladen nun 15 Minuten auf kleiner Flamme im Wasser kochen. Fertig.

Zubereitungszeit: ca. 30 Minuten
Nährwert pro Portion: 180 kcal / 9,9 g Fett / 10,6 g Eiweiß / 12,2 g Kohlenhydrate

vegetarisch ✓ Fisch   Fleisch   low carb   no carb ✓

D-INFO

Kohlgemüse zählt zu den gesündesten Gemüsen überhaupt. Die Pflanzenstoffgruppe Glucosinolate aktivieren diverse Enzymsysteme, die uns vor freien radikalen schützen und andererseits der Leber beim Entgiften helfen.

Gefüllte Paprika „Asia Style"

Zutaten für 4 Personen:
2 rote und 2 gelbe Paprika
200 g frischer Thunfisch
(alternativ auch Dosenthunfisch
in Wasser)
200 g geräucherter Tofu
1 Stück frischer Ingwer (ca. 3 cm)
1/2 Bund Koriander
1 Pkg. fester Magertopfen (Quark)
2 Eiklar (Eiweiß)
Salz

Den Backofen auf 200° C vorheizen. Die Deckel von den Paprika abschneiden und das Innere entfernen. Den Thunfisch mit dem in kleine Würfel geschnittenen Tofu, dem geschälten und geriebenen Ingwer, dem fein gehackten Koriander, dem Magertopfen, einer Prise Salz und den Eiklar zu einer homogenen Masse vermengen und diese in die Paprika füllen. Die Paprika 20 Minuten backen, bis die Masse gestockt ist.

TiPP

Sie müssen bei der Auswahl der Paprika unbedingt darauf achten, dass der Boden der Paprika eben ist und somit stabil auf dem Backblech stehen kann.

Zubereitungszeit: ca. 30 Minuten
Nährwert pro Portion: 330 kcal / 16,0 g Fett / 32,0 g Eiweiß / 14,0 g Kohlenhydrate

vegetarisch Fisch ✓ Fleisch low carb no carb ✓

D-INFO

Der Klassiker einmal in einer anderen Variante. Paprika ist reich an Vitamin C. Thunfisch ist ein idealer Omega-3-Fettsäuren-Lieferant und Tofu enthält die wertvollen Pflanzenhormone Isoflavone. Durch den Topfen, den Fisch, den Tofu und das Eiklar wird dieses Gericht zu einer außerordentlich gesunden „Proteinbombe".

Alles im grünen (Kohl-)Bereich

Zutaten für 4 Personen:
500 g Kohl
1 Stange Lauch (Porree)
2 Äpfel (Granny Smith)
1 Bund Stangensellerie
1 Bund Dill
1 EL Olivenöl
Salz und Pfeffer

Kohl, Lauch und Sellerie in feine Streifen schneiden. Die Äpfel entkernen, würfeln und den Dill fein hacken. Den Lauch in einem großen Topf 2 Minuten in Olivenöl anschwitzen. Geben Sie jetzt den Kohl dazu, rühren Sie ein paarmal um und lassen Sie das Ganze bei geschlossenem Deckel auf kleiner Flamme kochen. Sie brauchen kein Extraöl, denn der Kohl lässt Wasser. Geben Sie nach ca. 15 Minuten die Selleriestücke und den Dill dazu und lassen Sie das Ganze weitere 5 Minuten köcheln. Abschließend Apfelstücke einrühren und weitere 5 Minuten auf dem Herd ziehen lassen. Ausreichend salzen und pfeffern. Fertig.

Zubereitungszeit: ca. 30 Minuten
Nährwert pro Portion: 116 kcal / 3,3 g Fett / 3,7 g Eiweiß / 17,1 g Kohlenhydrate

vegetarisch ✓ Fisch Fleisch low carb ✓ no carb

D-INFO

Äpfel enthalten vor allem in ihrer Schale eine Vielzahl gesunder Stoffe. Zwei dieser Inhaltstoffe haben eine wachstumshemmende Wirkung auf Brustkrebs. Und die Sorte Idared verfügt über besonders viele Antioxidantien.

Winterliche Hühner-Apfel-Spieße

Zutaten für 4 Personen:
800 g Hühnerfilet
1 Kohlrabi
1 Apfel (z.B. Jonagold)
1 TL Zimt
2 EL Rapsöl
Salz und Pfeffer
Holzspieße

Den Backofen auf 180° C vorheizen. Backblech mit Backpapier vorbereiten. Das Fleisch würfeln, den Kohlrabi schälen und in ganz dünne Scheiben schneiden, die Äpfel entkernen und mit Schale würfeln. Alle Zutaten mit dem Zimt und dem Öl in einer Schüssel 15 Minuten marinieren, gut durchmischen und anschließend abwechselnd auf die Spieße fädeln.

Salzen, pfeffern und 12 Minuten bei 180° C im Ofen braten.

Zubereitungszeit: ca. 25 Minuten
Nährwert pro Portion: 275 kcal / 6,6 g Fett / 47,4 g Eiweiß / 5,5 g Kohlenhydrate

vegetarisch Fisch Fleisch ✓ low carb no carb ✓

D-INFO

Zimt erhöht bestimmte Detox-Enzyme, wirkt antioxidativ und kann das Dickdarmkrebsrisiko senken.

Bunte Curry-Hühnerspieße

Zutaten für 4 Personen:
600 g Hühnerfilet (ohne Haut)
1 große unreife Banane
1 weiße Zwiebel
1 gelber Paprika
1 Pkg. Cocktailtomaten
1 EL Currypulver
Salz und Pfeffer
Holzspieße

Heizen Sie das Backrohr auf 200° C vor. Schneiden Sie das Huhn in kleine Würfel. Zwiebel und Banane schälen und in kleine Scheiben schneiden. Paprika in kleine quadratische Stücke schneiden. Cocktailtomaten halbieren. Alle Zutaten abwechselnd auf die Spieße stecken. Salzen, pfeffern und großzügig mit Currypulver bestreuen. Die Spieße auf ein mit Backpapier belegtes Backblech legen und bei 200° C ca. 12 Minuten im Ofen garen.

D-TiPP

Diese Spieße eignen sich wunderbar als Fingerfood. Auch hier können Sie Ihrer Fantasie bei der Auswahl der Zutaten freien Lauf lassen. Verwenden Sie immer Backpapier, sonst kleben die Spieße an.

Zubereitungszeit: ca. 30 Minuten
Nährwert pro Portion: 215 kcal / 2,0 g Fett / 37,0 g Eiweiß / 11,0 g Kohlenhydrate

vegetarisch Fisch Fleisch ✓ low carb ✓ no carb

D-INFO

Curry enthält zahlreiche Stoffe, die vor Krebs schützen können, den Stoffwechsel positiv beeinflussen, gegen Bakterien und Pilze wirken und das Immunsystem unterstützen. Tomaten sind reich an dem für die Gesundheit wichtigen Lycopin. Zwiebeln enthalten das Bioflavonoid Quercetin, und Hühnerfleisch ist eine sehr magere, wertvolle Eiweißquelle. Im Paprika finden wir neben dem Vitamin C noch zahlreiche andere sekundäre Pflanzenstoffe.

Lemon-topped Chicken mit Tomaten-Spinat-Gemüse

Zutaten für 4 Personen:
600 g Hühnerfilet
1 unbehandelte Zitrone
1 Schuss Magermilch
1 kg frischer Spinat
1 Knoblauchzehe
500 g Cocktailtomaten
2 EL Rapsöl
Salz und Pfeffer

Schneiden Sie das Hühnerfilet in große Stücke, so bleibt das Fleisch saftiger. Spinat waschen. Knoblauchzehe schälen und sehr fein hacken. Halbieren Sie die Tomaten und entfernen Sie den Strunk. Reiben Sie die Zitronenschale ab.

Das Fleisch mit 1 EL Öl in einer beschichteten Pfanne 5 bis 6 Minuten scharf anbraten und salzen. Parallel dazu den Knoblauch in einem großen Topf (oder auch einer großen Pfanne) mit dem restlichen Öl eine Minute anschwitzen und dann gleich den Spinat dazugeben. Immer wieder umrühren. Der Spinat verliert dabei stark an Volumen. Warten Sie, bis die Menge klein geworden ist und garen Sie dann die Tomaten 2 Minuten im Topf mit. Nach Belieben salzen.

Geben Sie nach 5 Minuten Bratzeit einen Schuss Milch und die Zitronenschale zum Fleisch und lassen Sie alles noch weitere 3 Minuten köcheln. Fertig.

Zubereitungszeit: ca. 25 Minuten
Nährwert pro Portion: 268 kcal / 7,2 g Fett / 41,4 g Eiweiß / 4,1 g Kohlenhydrate

vegetarisch   Fisch   Fleisch ✓ low carb   no carb ✓

D-INFO

Tomaten enthalten das vielversprechende Karotinoid Lycopin, das die Leber vor Schäden schützen kann, Entzündungen bekämpfen hilft, vor freien Radikalen schützt und Herz-Kreislauf-Erkrankungen vorbeugt.

Birdcage – Pute im Ofen

Zutaten für 4 Personen:
400 g Putenfilet
2 gelbe Paprika
200 g Karotten
200 g Tomaten
500 g passierte Tomaten
6 getrocknete Datteln
3 EL Oregano
6 Tropfen Tabascosauce
Salz und Pfeffer

Heizen Sie den Backofen auf 220° C vor. Stellen Sie eine flache Auflaufform bereit. Das Fleisch schnetzeln, in die Form legen, salzen und pfeffern. Paprika und Datteln entkernen, klein schneiden und über das Fleisch streuen. Die Karotten schälen und in ganz dünne Scheiben schneiden (wichtig, damit sie gar werden) und ebenfalls in der Form verteilen. Zwischendurch immer wieder salzen und mit Oregano würzen. Würfeln Sie die Tomaten und entfernen Sie den Strunk. Tabasco mit den gewürfelten und den passierten Tomaten gut miteinander vermischen und in die Auflaufform gießen. Streuen Sie den Rest des Oregano darüber und geben Sie alles für 30 Minuten in den Ofen.

TiPP

Verwenden Sie eine flache Auflaufform, sonst kann sich die Garzeit verlängern.

Zubereitungszeit: 40 Minuten (inkl. Garzeit)
Nährwert pro Portion: 243 kcal / 2,8 g Fett / 28,0 g Eiweiß / 25,8 g Kohlenhydrate

vegetarisch Fisch Fleisch ✓ low carb ✓ no carb

D-INFO

Oregano ist durch das ätherische Öl Carvacrol ein ganz besonderes Gewürz. Es hat einen schützenden Effekt auf die Leber. Oregano-Öl kann krankhafte Veränderungen der Erbsubstanz verhindern.

Lavendel-Lachsfilet mit Sojabohnen-Birnen-Spargelgemüse

Zutaten für 4 Personen:
4 Lachsfilets à 150 g
1 Zitrone
1 EL getrockneter Lavendel
1 TL Olivenöl
1 Birne
1 Bund grüner Spargel
(alternativ Thai-Spargel oder
Spargel aus dem Glas)
1 Pkg. grüne Sojabohnen
("Edamame"; tiefgefroren)
1 Stück Ingwer (ca. 4 cm)
1 TL Zitronengras (gemahlen)
Salz

Fisch waschen und mit Zitronensaft beträufeln. Heizen Sie den Backofen auf 180° C vor und stellen Sie ein Backblech mit Backpapier bereit. Ingwer schälen und reiben (alternativ ganz fein hacken). Die Sojabohnen laut Anleitung auf der Packung zubereiten (ca. 7 bis 8 Minuten). Lachs mit Salz und Lavendel würzen, auf das Backpapier legen und 12 Minuten im Ofen braten.

Entfernen Sie das holzige Ende des Spargels, schneiden Sie ihn in etwa 5 cm große Stücke und braten Sie ihn mit dem Olivenöl in einer beschichteten Pfanne 3 bis 4 Minuten. Anschließend die Birne entkernen, klein schneiden und dazugeben. Alles salzen und weitere 2 bis 3 Minuten braten. Sojabohnen abseihen und mit Ingwer und Zitronengras zum Spargel-Birnen-Gemüse geben. Einmal gut durchschwenken und fertig.

Zubereitungszeit: ca. 30 Minuten
Nährwert pro Portion: 364 kcal / 15,8 g Fett / 38,6 g Eiweiß / 15,7 g Kohlenhydrate

vegetarisch Fisch ✓ Fleisch low carb ✓ no carb

D-INFO

Fisch verfügt über mehrfach ungesättigte Fettsäuren, zu denen auch die Omega-3-Fettsäuren gehören. Diese Fettsäuren wirken sich positiv auf Diabetes mellitus, Übergewicht, Krebs- und Herz-Kreislauf-Erkrankungen aus. Spargel hilft den Nieren, unseren wichtigen Entgiftungsorganen, beim Entgiften, da er die Urinausscheidung fördert. Die gleiche Wirkung haben Salatgurken, Stangensellerie und Sellerie.

Seeteufelfilet in der Sesamkruste mit Fenchel-Sellerie-Apfel-Gemüse

Zutaten für 4 Personen:
4 Seeteufelfilets à 150 g
1 Zitrone
1 EL Sesamöl
4 EL weißer Sesam
4 große Königsgarnelen
1 Fenchelknolle
1 Bund Stangensellerie
1 EL Rosinen
20 g Walnusskerne
1 Apfel
1 EL Olivenöl
1 Schuss trockener Weißwein
Salz

Fischfilets waschen, trocknen und zusammen mit den Garnelen mit Zitronensaft beträufeln. Heizen Sie den Backofen auf 150° C vor und stellen Sie ein Blech mit Backpapier bereit. Zwischenzeitlich schneiden Sie den Fenchel, die Sellerie und den (zuvor entkernten) Apfel klein. Hacken Sie nun die Walnusskerne. Erwärmen Sie das Olivenöl in einem großen Topf und schwitzen Sie den Fenchel 2 Minuten an. Mit dem Weißwein ablöschen. Anschließend die Sellerie dazugeben. 5 Minuten bei geschlossenem Deckel und kleiner Flamme köcheln lassen.

Den Fisch sorgfältig trocken tupfen und in Sesam wenden, sodass er damit von allen Seiten gut bedeckt ist. Erhitzen Sie eine beschichtete Pfanne. Geben Sie das Sesamöl erst hinein, wenn die Pfanne heiß ist. Dann den Fisch und die Garnelen auf beiden Seiten 2 Minuten scharf anbraten und salzen. Anschließend den Fisch 10 Minuten bei 150° C in den Backofen geben. Die Garnelen lassen Sie in der Pfanne, schalten jedoch die Herdplatte aus.

Geben Sie nun den Apfel, die Rosinen und die Walnusskerne zum Gemüse und lassen Sie das Ganze weitere 10 Minuten köcheln.

TiPP

Manchmal hat Stangensellerie ein paar holzige Fäden. Versuchen Sie diese mit einem Messer abzuziehen. Schneiden Sie zusätzlich die Enden der Stangen ab.

Zubereitungszeit: ca. 30 Minuten
Nährwert pro Portion: 265 kcal / 15,9 g Fett / 11,8 g Eiweiß / 14,0 g Kohlenhydrate

vegetarisch Fisch ✓ Fleisch low carb ✓ no carb

D-INFO

Sesam hilft, Leberschäden zu verhindern, vermindert die Belastung durch Sauerstoffradikale und wirkt sich auch auf die Nieren positiv aus.

Salbei-Seezungenröllchen auf Paprika-Mango-Gemüse

Zutaten für 4 Personen:
8 Seezungenfilets à 100 g
1 Zitrone
4 Salbeiblätter
1 roter und 1 gelber Paprika
1 Mango
1/2 getrocknete Chilischote
30 g Pinienkerne
1 TL Olivenöl
Salz
Holzspieße

Den Backofen auf 180° C vorheizen. Fisch waschen und mit Zitronensaft beträufeln. Salzen, pfeffern und jeweils mit einem klein geschnittenen Salbeiblatt belegen. Nun die Filets zu Röllchen formen, mit einem kleinen Holzspieß fixieren und 8 Minuten im Ofen garen. Zwischenzeitlich die Mango schälen, vom Kern ablösen und in Streifen schneiden. Die Pinienkerne in einer beschichteten Pfanne ohne Fett kurz anbräunen und aus der Pfanne nehmen. Paprika entkernen und ebenfalls in Streifen schneiden. Gemeinsam mit der Mango in einer beschichteten Pfanne 4 bis 5 Minuten in Öl braten. Die Chilischote klein hacken und zum Gemüse geben. Abschließend alles nach Belieben salzen.

Zubereitungszeit: ca. 25 Minuten
Nährwert pro Portion: 281 kcal / 8,5 g Fett / 38,0 g Eiweiß / 12,0 g Kohlenhydrate

vegetarisch Fisch ✓ Fleisch low carb ✓ no carb

D-INFO

Alternativ können Sie statt der Seezunge auch andere Fische verwenden. Um schöne Röllchen zu formen, sollte der Fisch flach sein. Paprika, Chili & Co. enthalten neben Vitamin C das so genannte Capsaicin. Dieses wirkt antibakteriell, pilzbekämpfend und entgiftend.

Kabeljaufilet auf dem Gemüse-Früchtchen-Bett

Zutaten für 4 Personen:
4 Kabeljaufilets à 200 g
1 große Zucchini
2 Pfirsiche
1 Bund frischer Thymian
2 Limetten
50 ml trockener Weißwein
Salz und Pfeffer
Alufolie

Den Backofen auf 220° C vorheizen. Teilen Sie die Zutaten auf 4 Portionen auf. Die Fischfilets waschen und mit Limettensaft beträufeln, salzen und pfeffern. Die Zucchini in dünne Scheiben schneiden und jeweils 1/4 der Zucchini am Boden eines Alufolieschiffchens verteilen. Den Pfirsich in Spalten schneiden und darübergeben. Frischen Thymian darüberstreuen, salzen und pfeffern.

Den Fisch darauflegen, mit ein paar Limettenscheiben und den restlichen Thymianzweigen bedecken. Mit einem Schuss trockenen Weißwein begießen. Das Aluschiffchen verschließen und im Backrohr 15 Minuten garen.

D-TiPP

Spielen Sie sich mit den Kräutern. Sehr gut geeignet wären auch Dill oder Basilikum. Ebenso können Sie Lauch oder Tomaten statt Zucchini verwenden. Beim Fisch würde ich zu grätenlosen Filets raten. Wenn Sie keine Pfirsiche zur Hand haben, können Sie beispielsweise auch auf Äpfel oder Birnen ausweichen. Erdbeeren eignen sich nicht so gut, weil sie im Rohr zergaren würden.

Zubereitungszeit: ca. 30 Minuten
Nährwert pro Portion: 220 kcal / 3,0 g Fett / 3,0 g Eiweiß / 8,0 g Kohlenhydrate

vegetarisch   Fisch ✓ Fleisch   low carb ✓ no carb

D-INFO

Frisches Obst, Gemüse, Kräuter und Fisch gehören zu den Lebensmitteln, die am häufigsten auf Ihrem Speiseplan stehen sollten. Alles ohne Fett. Vitamine, sekundäre Pflanzenstoffe und mageres Eiweiß pur. Passen Sie beim Konsum von Lachs auf. Lachs ist durch den Gehalt an Omega-3-Fettsäuren zwar sehr gesund, aber auch sehr fettreich!

Ninas No-Carb-Sushi

Zutaten für 10 Stück Sushi:
400 g magerer Hüttenkäse
Wasabi-Pulver (je nach gewünschtem
Schärfegrad zwischen 1 und 2 TL)
Salz
10 Scheiben rohes Fischfilet
(Lachs, Thunfisch oder auch Surimi)
Sojasauce

Den Hüttenkäse mit dem Wasabi-Salz-Gemisch vermengen und auf 4 Portionen aufteilen. Jede Portion auf je 4 Lagen Küchenpapier legen. Das Küchenpapier an den 4 Ecken nehmen und den Käse zu kleinen Päckchen zusammendrücken, damit der überschüssige Flüssigkeitsanteil aufgesaugt wird. Die Päckchen für ca. 30 Minuten in den Kühlschrank stellen.

Falls Sie den Fisch im Ganzen gekauft haben, legen Sie ihn für ca. 30 Minuten in das Gefrierfach. Danach lässt er sich mit einem scharfen Messer ganz leicht in die etwa 0,5 cm dicken Sushi-Filets schneiden. Den Hüttenkäse aus dem Kühlschrank nehmen, das Küchenpapier entfernen und rasch Bällchen aus der Masse formen. Zwischendurch immer wieder die Hände unter kaltes Wasser halten. Abschließend die Fischfilets auf die Frischkäsebällchen legen, anrichten und mit Sojasauce servieren.

TiPP

Wenn Sie die ganz diätetische Variante wählen möchten, sollten Sie sich für den sehr gut schmeckenden Krebsersatz „Surimi" oder das Garnelenfleisch entscheiden. Diese sind wesentlich magerer als die Fischvariante.

Zubereitungszeit: ca. 45 Minuten
Nährwert pro Stück: 60 kcal / 3,0 g Fett / 7,0 g Eiweiß / 1,0 g Kohlenhydrate

vegetarisch   Fisch ✓ Fleisch   low carb   no carb ✓

D-INFO

Sowohl Lachs als auch Thunfisch sind sehr gute Quellen für die wertvollen Omega-3-Fettsäuren. Der Ersatz des Reises durch den mageren Hüttenkäse ermöglicht es Ihnen, meiner Ernährungsphilosophie treu zu bleiben und trotzdem abends in den Sushi-Genuss zu kommen. Sieht aus wie Sushi – schmeckt noch besser!

Eintopf einmal anders

Zutaten für 4 Personen:
120 g Vollkorn-Bulgur
350 ml Wasser
1 Dose Thunfisch (natur)
150 g junge Erbsen (tiefgefroren)
500 g Tomatenfruchtfleisch in Stücken
2 rote Zwiebeln
1 Stange Lauch (Porree)
4 Knoblauchzehen
2 Rosmarinzweige
300 g Karotten
3 EL Tomatenmark
1/2 TL Zimt
1 getrocknete Chilischote
2 EL Olivenöl
125 ml Rotwein
Salz

Bulgur gemeinsam mit dem Zimt 10 Minuten in gesalzenem Wasser kochen. Vom Herd nehmen und 3 Minuten bei geschlossenem Deckel ziehen lassen. Zwiebeln schälen, vierteln und in Streifen schneiden. Karotten schälen und fein raspeln. Lauch in kleine Ringe schneiden. Rosmarin und die Chilischote ganz fein hacken. Knoblauch schälen und klein schneiden. Das Öl in einem großen Topf erhitzen. Zwiebel, Knoblauch und Lauch 2 Minuten anschwitzen. Die Karotten dazugeben und weitere 2 Minuten rösten. Mit dem Rotwein ablöschen. Salzen und das Tomatenmark dazugeben.

Jetzt die Erbsen, die Tomaten, den Thunfisch und den Bulgur beimengen und ein paar Minuten auf mittlerer Flamme kochen. Abschließend den Rosmarin und die Chilischote daruntermischen und weitere 2 bis 3 Minuten mitkochen.

Zubereitungszeit: ca. 25 Minuten
Nährwert pro Portion: 304 kcal / 6,7 g Fett / 18,4 g Eiweiß / 36,8 g Kohlenhydrate

vegetarisch Fisch ✓ Fleisch low carb no carb

D-INFO

Auch Vollkorn bedeutet Detox! Es hält den Blutzuckerspiegel stabil und enthält wertvolle Vitamine und Spurenelemente. Die Ballaststoffe schützen vor Krebs, senken das Cholesterin und regulieren die Verdauung.

Kürbisgulasch mit Dörrpflaumen und Ingwer

Zutaten für 4 Personen:
1 kg Kürbisfleisch (z.B. Hokkaido)
1 große weiße Zwiebel
1 roter Paprika
1/2 Bio-Gemüse-Suppenwürfel
250 ml Wasser
2 EL Tomatenmark
500 g passierte Tomaten
1 TL gemahlener Kümmel
1 EL Majoran
1 EL süßes Paprikapulver
1 EL Rapsöl
1 EL Balsamico-Essig
100 g Dörrpflaumen
1 TL Ingwerpulver
Salz

Kürbis und Zwiebel schälen. Kürbis und Paprika entkernen. Paprika, Kürbis und Dörrpflaumen in Würfel schneiden und Zwiebel klein hacken. Öl in einem großen Topf erhitzen und Zwiebel 1 bis 2 Minuten anschwitzen. Paprikapulver untermengen und rasch mit Wasser und Balsamico aufgießen. Suppenwürfel, Kürbis, passierte Tomaten, Kümmel, Majoran, Tomatenmark, etwas Salz und Ingwerpulver beimengen und alles 15 Minuten auf mittlerer Flamme köcheln lassen. Sobald sich die Flüssigkeit etwas reduziert hat, der Kürbis aber noch bissfest ist, geben Sie den geschnittenen Paprika und die Dörrpflaumen dazu und lassen das Gericht weitere 5 Minuten auf kleiner Flamme ziehen.

D-TiPP

Ruhig größere Mengen kochen, schmeckt fast noch besser, wenn das Gericht über Nacht durchgezogen hat. Bei der Sorte des Kürbisses haben Sie freie Wahl.

Zubereitungszeit: ca. 35 Minuten
Nährwert pro Portion: 205 kcal / 4,1 g Fett / 6,6 g Eiweiß / 32,6 g Kohlenhydrate

vegetarisch ✓ Fisch Fleisch low carb no carb

D-INFO

Zwiebeln haben außerordentlich gute Leber- und Nierenschutzwirkungen. Sie können vor UV-Schäden schützen, den Hormonhaushalt regulieren, bieten Schutz gegen Osteoporose und wirken gegen Entzündungen.

Thymian-Lamm mit schnellem Zwetschken-Rotkraut

Zutaten für 4 Personen:
4 Lammfilets à 150 g
2 EL Rapsöl
8–10 Thymianzweige
1 Prise Zimt
500 g Rotkraut (roh)
40 g Walnüsse
250 g Zwetschken (Pflaumen)
125 ml kräftiger Rotwein
Salz und Pfeffer

Das Kraut fein hobeln oder in sehr feine Streifen schneiden. Das Lamm mit 1 EL Rapsöl, 4 bis 5 Thymianzweigen und einer Prise Zimt 15 Minuten marinieren. Die
Zwetschken entkernen, vierteln und die Walnüsse klein
hacken. Das Kraut in einem großen Topf mit dem restlichen Öl 2 Minuten anschwitzen und dann mit dem
Wein ablöschen. Zugedeckt auf niedriger Flamme
20 Minuten köcheln lassen. Immer wieder umrühren.
Danach die Zwetschken, die Nüsse und den restlichen,
abgerebelten Thymian zum Kraut beimengen und weitere 10 Minuten köcheln lassen. Salzen und pfeffern.

Braten Sie inzwischen das Lamm in einer beschichteten
Pfanne auf beiden Seiten je 1 Minute scharf an und
lassen Sie es dann auf kleiner Flamme weitere 2 bis
4 Minuten gar braten. Ab und zu wenden. Ebenso salzen und pfeffern.

Zubereitungszeit: ca. 35 Minuten
Nährwert pro Portion: 354 kcal / 16,5 g Fett / 38,5 g Eiweiß / 10,5 g Kohlenhydrate

vegetarisch   Fisch   Fleisch ✓   low carb ✓   no carb

D-INFO

Rotwein beinhaltet das berühmte Resveratrol, das den Körper vor Dioxinschäden schützen kann. Rotwein ran-
giert als einziges alkoholisches Getränk unter den gesündesten 10 Getränken auf Platz 2.

desserts

Dunkle Avocado-Schokoladenmousse mit scharfem Kirschkompott

Zutaten für 4 Personen:
50 g Magertopfen (Quark)
120 g Schokolade
(mind. 70 % Kakaoanteil)
2 EL Espresso
50 g Avocado
4 Eiklar
1 EL Honig
200 g Kirschen
1 EL rosa Pfeffer
1 Prise Zimt
1/2 Limette
100 ml Kirschsaft

Schokolade zerteilen und im Wasserbad schmelzen. Espresso und Honig dazufügen und sorgfältig vermischen. Schüssel aus dem Wasserbad nehmen, sobald die Schokolade flüssig ist. Schälen, entkernen und pürieren Sie die Avocado gemeinsam mit dem Topfen zu einer homogenen Masse. Schlagen Sie die Eiklar in einer Schüssel steif. Vermengen Sie nun die Avocado-Topfen-Masse mit der Schokolade und heben Sie den Eischnee vorsichtig unter. Befüllen Sie Förmchen und stellen Sie das Dessert für mindestens 2 Stunden in den Kühlschrank.

Für das Kirschkompott: Entkernen und halbieren Sie die Kirschen. Zerstampfen Sie den Pfeffer in einem Mörser. Kochen Sie die Kirschen mit dem Limetten- und dem Kirschsaft, dem Pfeffer und dem Zimt 10 Minuten ein. Servieren Sie das Kompott warm zur Mousse.

D-TiPP

Sollte es saisonbedingt keine frischen Kirschen geben, dann können Sie auch auf Kirschen im Glas oder andere Früchte zurückgreifen. Achten Sie jedoch darauf, dass dem Obst kein Zucker zugesetzt wurde.

Zubereitungszeit: ca. 25 Minuten. Verzehrfertig in 2,5 Stunden
Nährwert pro Portion: 279 kcal / 15,5 g Fett / 9,5 g Eiweiß / 25,5 g Kohlenhydrate

vegetarisch ✓ Fisch Fleisch low carb no carb

D-INFO

Schokolade enthält die Aminosäure L-Tryptophan, die als Vorläufersubstanz des Hormons Serotonin für unser seelisches Wohlbefinden und den Schlaf von Bedeutung ist. Andere Inhaltsstoffe wiederum verfügen über antioxidative und entzündungshemmende Eigenschaften.

Vollkorn-Grießflammerie mit Zwetschkenröster

Zutaten für 4 Personen:
350 ml magere Sojamilch
35 g Vollkorngrieß
2 EL Ahornsirup
1 Eiklar (Eiweiß)

Für den Röster:
2 Orangen
1/2 kg Zwetschken (Pflaumen)
1 TL Zimt
1 TL gemahlene Nelken
1 EL Honig

Die Milch mit dem Ahornsirup und dem Grieß unter Rühren kurz aufkochen lassen und dann vom Herd nehmen. Das Eiklar steif schlagen und vorsichtig unter die Grießmasse heben. Die Masse auskühlen lassen. Zwischenzeitlich die Orangen schälen, filetieren und gemeinsam mit den Zwetschken klein würfeln. Das Obst in einem Topf mit einem Schuss Wasser einkochen und mit den Gewürzen und dem Honig abschmecken. Die Grießmasse in Förmchen füllen und mit dem warmen Obströster servieren.

Zubereitungszeit: ca. 25 Minuten
Nährwert pro Portion: 171 kcal / 1,6 g Fett / 5,2 g Eiweiß / 31,5 g Kohlenhydrate

vegetarisch ✓ Fisch   Fleisch   low carb   no carb

D-INFO

Honig liefert über 200 wertvolle Inhaltsstoffe. Dazu gehören Vitamine, Enzyme, Mineralien, Aminosäuren, zahlreiche Polyphenole, Duftstoffe u.v.m.

Cranberry-Topfenschmarrn

Zutaten für 4 Personen:
250 g Magertopfen (Quark)
2 Eidotter (Eigelb)
6 Eiklar (Eiweiß)
40 g Cranberrys
1 EL Honig
1/2 TL Rapsöl

Heizen Sie den Backofen auf 180° C vor. Eiklar zu Schnee schlagen. Eigelb, Topfen, Cranberrys und Honig gut vermengen und abschließend den steif geschlagenen Schnee unterheben. Fetten Sie eine für ein Backrohr geeignete, beschichtete Pfanne mit wenig Rapsöl ein und füllen Sie die Masse ein. Backen Sie den Schmarrn 2 bis 3 Minuten am Herd an und geben Sie ihn danach für 20 Minuten in den Backofen. Schalten Sie in den letzten 2 Minuten die Grillfunktion zu (sofern Sie eine haben), damit die Oberfläche des Desserts ein wenig braun wird.

Zubereitungszeit: ca. 35 Minuten
Nährwert pro Portion: 167 kcal / 5,0 g Fett / 16,3 g Eiweiß / 14,3 g Kohlenhydrate

vegetarisch ✓ Fisch Fleisch low carb ✓ no carb

D-INFO

Cranberrys und Preiselbeeren verfügen neben vielen Vitaminen und Spurenelementen über eine Mischung an sekundären Pflanzenstoffen, die als vielversprechende Antioxidantien und wertvoller Schutz der Leber angesehen werden können.

Lisas D-Karotten-Muffins

Zutaten für 8 Muffins:
120 g Vollkornmehl
3 Eier
150 g Karotten
30 ml Rapsöl
80 g brauner Zucker (Rohrzucker)
1 TL Honig
1/2 Pkg. Backpulver
30 g geriebene Mandeln
25 g gehackte Walnüsse
1 TL gemahlene Nelken
1 TL Zimt

Heizen Sie den Backofen auf 180° C vor. Karotten schälen und fein raspeln. Die Walnusskerne grob hacken. Vermischen Sie das Mehl mit dem Backpulver. Eier trennen und Schnee schlagen. Schlagen Sie danach die Dotter (Eigelb) mit dem Zucker und dem Rapsöl schaumig. Fügen Sie der schaumigen Masse Honig, Zimt und Nelken bei. Heben Sie nun den Eischnee vorsichtig unter die Eigelbmasse. Vermischen Sie abschließend das Mehl, die Mandeln, die Walnusskerne und die Karotten mit der übrigen Masse. Befüllen Sie einzelne Muffinförmchen. 25 Minuten im Ofen backen.

Zubereitungszeit: ca. 40 Minuten (inkl. Backzeit)
Nährwert pro Muffin: 204 kcal / 10,1 g Fett / 6,0 g Eiweiß / 22,0 g Kohlenhydrate

vegetarisch ✓ Fisch   Fleisch   low carb   no carb

D-INFO

Karotten sind voller Karotinoide, die als wirksame Antioxidantien gelten. Außerdem tragen sie zum Erhalt der Sehkraft bei. Nüsse und Kerne enthalten neben wertvollen Fettsäuren einen hohen Anteil an Vitamin E, Zink und Selen.

Der „beerenstarke" Obstsalat

Zutaten für 4 Personen:
1 Pkg. Heidelbeeren (Blaubeeren)
1 Pkg. Himbeeren
1 Pkg. Ribisel (Johannisbeeren)
1 Pkg. Brombeeren
1 Orange
1 Bund Basilikum
1 Prise Zimt

Die Beeren und die Ribisel waschen, essfertig machen und in eine Schüssel geben. Den Saft einer Orange pressen, mit einer Prise Zimt gut verrühren und über das Obst gießen. Das Basilikum klein schneiden und über die Früchte streuen.

D-TiPP

Verwenden Sie überwiegend Obstsorten, die einen niedrigen Fruchtzuckergehalt haben. Die oben aufgelisteten eignen sich besonders gut, sind in ihrer Verfügbarkeit aber natürlich von der Saison abhängig. Als Alternative kommen unter anderem Grapefruit, Papaya oder Erdbeeren in Frage.

Zubereitungszeit: ca. 6 Minuten
Nährwert pro Portion: 60 kcal / 1,5 g Fett / 9,0 g Kohlenhydrate

vegetarisch ✓ Fisch   Fleisch   low carb ✓ no carb

D-INFO

Basilikum und Zimt stabilisieren Ihren Blutzuckerspiegel, verhindern so ungewollte Blutzuckerschwankungen und Heißhungerattacken.

LOW-CARB SNACKS für zwischendurch

- Rohkoststreifen (z.B. Paprika, Gurke, Stangensellerie) mit einem Hüttenkäse-Curry-Dip
- Putenschinken-Hüttenkäse-Röllchen (siehe Jausenboxen)
- Gemüse oder Putenschinken in Aspik

10 Dinge, die ich gerne mitnehme – Just to take away

„Jausenboxen" sollen schnell zusammenzustellen, einfach und vor allem für unterwegs geeignet sein. Meine Take-aways sind alle gesund und figurfreundlich.

1. Eine Packung magerer Hüttenkäse mit frisch geschnittenem Schnittlauch und eine Tomate in Scheiben geschnitten.

2. Gemüsestreifen mit magerem Topfen-Curry-Dip (z.B. Karotten, Paprika, Gurke etc. in feine Streifen schneiden, für den Dip einen mageren, aber cremigen Topfen (Quark) verwenden, Currypulver und etwas Salz dazugeben und bei Bedarf mit einem halben TL Honig verfeinern).

3. Vollkorn-Dinkelbrot-Sandwich mit magerem Frischkäseaufstrich (0,2 % Fett) und frischer Kresse, dazu einen Apfel.

4. Obstsalat aus Ribiseln (Johannisbeeren), Heidelbeeren und Orangen. Dazu magerer cremiger Topfen (Quark) vermischt mit Leinsamen. Bei Bedarf 1/2 TL Ahornsirup.

5. Gekochtes Haferflockenmüsli mit klein gehackten Apfelstücken, Mandelsplittern und etwas cremigem Magertopfen (Quark).

6. Putenschinken-Gurken-Hüttenkäseröllchen (ein Blatt Bio-Putenschinken auslegen, etwas mageren Hüttenkäse darauf verteilen und in die Mitte einen Streifen Gurke legen, das Ganze dann zu einer Rolle formen).

7. Vollkorn-Roggenbrot-Sandwich mit etwas magerem Frischkäseaufstrich (0,2% Fett), ein wenig Chili aus der Mühle, darauf ein paar Keimlinge verteilen und eine Scheibe Biotofu darauflegen (statt fettem Käse mal Tofu).

8. Soja-Eiweiß-Shake mit Früchten (250 ml fettarme Sojamilch, 2 gehäufte EL eines Premium Eiweißkonzentrates, 1/2 Packung tiefgefrorene gemischte Früchte).

9. Halbe Honigmelone mit Hüttenkäse (entfernen Sie die Kerne aus der Melone und geben Sie den Hüttenkäse in die Ausbuchtung, dann einfach Obst und Hüttenkäse gemeinsam löffeln).

10. Feigen-Schafkäse-Salat mit Balsamico-Essig und wenigen Pinienkernen.

Ihr DETOX-7-Tage-Speiseplan

	MONTAG (Fleisch)	DIENSTAG (Fisch)	MITTWOCH (Vegetarisch)	DONNERS-TAG (Fleisch)	FREITAG (Fisch)	SAMSTAG (Vegetarisch)	SONNTAG (Fisch)
FRÜH	Asiatisches Apfel-Trauben-Mus sugar-free	Blueberry-Milkshake	Zimtiger Gojibeeren-Brei	Scharfe Erdbeer-Buttermilch	Christians Power-Frühstück nach TCM-Art	Ginger-Grape	Beerenstarker Obstsalat
MITTAG	Lemon-topped Chicken mit Tomaten-Spinat-Gemüse	Spaghetti vegginese	Kartoffel-Kurkuma-Kraut	Quinoa-Gemüsepfanne	Roter Reis-Salat mit Mango	Couscous-Salat	Kürbisgulasch mit Dörrpflaumen und Ingwer
ABEND	Zucchini-Frittata	Salbei-Seezungenröllchen auf Paprika-Mango-Gemüse	„I did it my way"-Kohlroulade	Birdcage – Pute im Rohr	Lavendel-Lachsfilet mit Sojabohnen-Birnen-Spargelgemüse	Alles im grünen (Kohl-)Bereich	Seeteufelfilet in der Sesamkruste

D-INFO

Achten Sie darauf, dass Sie zwischen Fisch, Fleisch und vegetarischen Tagen abwechseln.
Keinesfalls sollten Sie täglich Fleisch essen. Versuchen Sie zusätzlich – wie im Plan angegeben – am Abend auf die Kohlenhydrate zu verzichten und vergessen Sie nicht, ausreichend zu trinken!
Eigentlich sollten Sie ja keine Zwischenmahlzeiten konsumieren. Sie wissen schon, es geht dabei um den Insulinspiegel. Sollten Sie Appetit oder Hunger einmal übermannen, dann versuchen Sie es mit einer der fantastischen Teevarianten Gojibeeren-Tee, Immunbooster-Tee oder dem Weißen Cranberry-Eistee mit frischer Pfefferminze!

life supplements

fruit punch – eine einzigartige Kombination

Nachdem ich weiß, dass Mangosteen, Gojibeeren und Acai nicht täglich auf Ihrem Speiseplan stehen werden und dies auch nicht können, ich Ihnen aber aus vollster Überzeugung die gesundheitlichen Wirkungen dieser Lebensmittel nicht vorenthalten möchte, habe ich sie in Form von Extrakten in einem „Fruit Punch" gemixt. Nützen Sie das vielversprechende Potenzial dieser bislang noch wenig bekannten Lebensmittel für den Erhalt Ihrer Gesundheit. Ich tue es auch!

Medizinische Studien und Untersuchungsergebnisse zeigen positive Wirkungen der drei Substanzen in den Bereichen:

• Vorsorge gegen Krebserkrankungen
• als Entzündungshemmer
• zur Unterstützung des Immunsystems
• als hochpotente Antioxidantien für den Erhalt unserer Gesundheit
• als Energielieferant
• zur Unterstützung beim Abnehmen

Mit 3 x 1 Kapsel pro Tag kann der „Fruit Punch" Ihre Vitalität und Ihr Wohlbefinden sichtbar und spürbar verbessern.

d-unit – geballte Detoxpower

Wenn Sie sich überfordert, dauernd belastet und chronisch müde fühlen, sollten Sie auf die Unterstützung gewisser Substanzen auf keinen Fall verzichten. Da man aber manche Lebensmittel oder deren Inhaltsstoffe nicht täglich zuführt, habe ich für Sie „D-Unit" kreiert. „D-Unit" besteht aus Extrakten der Artischocke, des Granatapfels und Betain, einem ausgesprochen wertvollen Inhaltsstoff der Roten Rübe. Dieses Nahrungsergänzungsmittel verfügt über ein besonders hohes Detox-Potenzial. Es hilft der Leber und den Nieren beim Entgiften und unterstützt durch seine ausgeprägte antioxidative Kapazität zusätzlich das Immunsystem.

Medizinische Studien und Untersuchungsergebnisse zeigen positive Wirkungen der drei Substanzen in den Bereichen:

- Schutz der Leber
- Vorsorge gegen Krebserkrankungen
- Senkung des Cholesterinspiegels
- Regulation des Magen-Darm-Traktes
- Erhöhung der antioxidativen Kapazität
- gegen Entzündungen
- Schutz vor Umweltgiften
- Schutz vor Herz-Kreislauf-Erkrankungen
- Gewichtsregulation
- Verbesserung der Insulinsensitivität

Mit 3 x 1 Kapsel pro Tag kann „D-Unit" Ihnen beim Erhalt Ihrer Gesundheit helfen und Sie beim Entgiften unterstützen.

change – es ist Zeit für Veränderung

Sie fühlen sich träge, unwohl und möchten schon lange abnehmen? Gewicht zu verlieren ist nicht einfach. Die richtige Ernährung und regelmäßige körperliche Betätigung stellen die Grundvoraussetzungen für das Erreichen der Wunschfigur dar. Trotz des Wissens um die Wichtigkeit des richtigen Lebensstils sieht die Praxis meistens ganz anders aus. Aus diesem Grund können wir Unterstützung gut gebrauchen. „Change" besteht aus Extrakten der Grapefruit, des Grüntees und der Hydroxyzitronensäure (HCA) aus der indischen Gewürzpflanze Garcinia Cambogia. Diese 3 Komponenten verfügen über besonders effektive Eigenschaften in Bezug auf unseren Fettstoffwechsel, das Appetitverhalten und unsere Gesundheit.

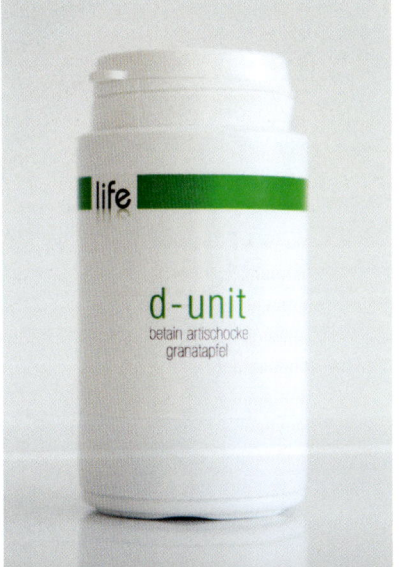

Studien und Untersuchungsergebnisse geben Hinweise auf unterstützende Wirkungen der drei Substanzen in den Bereichen:

- Gewichtsmanagement
- Insulinstoffwechsel
- Blutfette und Cholesterinspiegel
- Appetitregulation
- Erhöhung der antioxidativen Kapazität
- Reduktion des BMI
- Abnahme des Bauchfetts
- Generelle Gewichtsabnahme

Einnahmeschema: 1 x 3 Kapseln vor der größten Tagesmahlzeit. „Change" kann Ihnen dabei helfen, Gewicht zu verlieren und sich wohler zu fühlen.

b-happy – macht Ihre Tage stimmungsvoller

Das prämenstruelle Syndrom (PMS) belastet viele Frauen in den Tagen vor der Menstruation. PMS kann mit verschiedenen Symptomen einhergehen und äußert sich häufig in Form von Stimmungsschwankungen, Wassereinlagerungen, Heißhunger auf Süßes und einem generellen Unwohlsein. Die genaue Ursache für die Beschwerden konnte bis jetzt noch nicht geklärt werden. Zurzeit stehen uns verschiedene hormonelle und auch hormonfreie Therapieansätze zur Verfügung.

„B-happy" besteht aus Safranextrakt, Vitamin B6 und der Aminosäure L-Tyrosin. Diese 3 Komponenten verfügen über besondere Eigenschaften, um bei prämenstruellen Beschwerden und generellen Stimmungsschwankungen Besserung zu bringen. Studien und Untersuchungsergebnisse geben Hinweise auf unterstützende Wirkungen der drei Substanzen bei:

- Depressiver Verstimmung
- Gereiztheit
- Abgeschlagenheit
- Beschwerden im Rahmen der Menstruation

Mit 3 x 1 Kapsel über den Tag verteilt kann sich „B-happy" positiv auf die Stimmungslage auswirken und dabei helfen, prämenstruelle Beschwerden zu lindern.

INFO

Alle Produkte erhältlich in der Praxis Dr. Matthai, unter www.pharmatan.at oder bestellbar in allen Apotheken.

Elisabeth Fischer

Heilsames Basenfasten
Genießen, entschlacken und schlank werden
Mit 120 Rezepten

132 Seiten
ISBN 978-3-7088-0545-0
EUR 17,99

Mit ihren erprobten Rezepten zeigt Elisabeth Fischer den Weg aus der Übersäuerungsfalle. Dieses Essen entlastet, steigert das Wohlbefinden und lässt die Kilos purzeln. Pfiffig, raffiniert und einfach gekocht: Die Rezepte der Expertin für das schlanke Schlemmen wecken den Appetit auf eine dauerhafte Änderung der Essgewohnheiten, fördern das Säure-Basen-Gleichgewicht und verhindern den Jo-Jo-Effekt.

Elisabeth Fischer

Die schlanke Küche
So gut schmeckt das Wunschgewicht

192 Seiten
ISBN 978-3-7088-0483-5
EUR 19,95

Das neue Kochbuch nach der Methode „Schlank ohne Diät"! Elisabeth Fischer macht das Schlank-Werden mit ihren 200 erprobten Rezepten schmackhaft und liefert dazu das Know-how für den leichten, gesunden Genuss, ganz nach dem Motto: Schlemmen ja, Dickwerden niemals wieder!

www.kneippverlag.com

Gina Martin-Williams

Das Stevia-Backbuch
Natürlich süßen & schlank bleiben

128 Seiten
ISBN 978-3-7088-0494-1
EUR 17,95

Wie bereitet man Süßspeisen und Backwaren mit Stevia-Produkten zu? Gina Martin-Williams bäckt seit vielen Jahren mit Stevia und veröffentlicht nun erstmals ihre Lieblingsrezepte, die besonders leicht sind: Ihre Kuchen, Kekse & Plätzchen, Torten und Desserts sind nicht nur mit Stevia gesüßt, sondern auch mit besonders wenig Fett zubereitet – und schmecken trotzdem richtig gut! Alle Rezepte sind kalorienberechnet.

Peter Gradwohl

Vollkorn-Backen
Brot, Gebäck und Süßes

156 Seiten
978-3-7088-0564-1
EUR 19,99

„Vollkorn" hat längst den Weg raus aus den Reformläden geschafft und findet sich in jedem Supermarkt und Küchenschrank. Bio- und Vollkornbäcker Peter Gradwohl präsentiert in seinem Backbuch zahlreiche Vollkornrezepte für Brot, Kleingebäck, Torten, Kuchen und Weihnachtsbäckerei. Alle Rezepte sind hinsichtlich Nahrungsmittelunverträglichkeit (glutenfrei, laktosefrei, hefefrei etc.) gekennzeichnet.

www.kneippverlag.com

Ingrid Kiefer

Dampfgaren
Modernes Kochen für die ganze Familie

128 Seiten
ISBN 978-3-7088-0524-5
EUR 12,95

Dampfgaren ist eine besonders schonende Zubereitungsart. Viele wertvolle Inhaltsstoffe bleiben dadurch erhalten. Die Speisen sind äußerst schmackhaft und ernährungsphysiologisch besonders wertvoll. Die erprobten Rezepte von Ingrid Kiefer sind gesund, kalorienarm und genussvoll - mit einem Wort: die Basis einer modernen, leichten Küche.

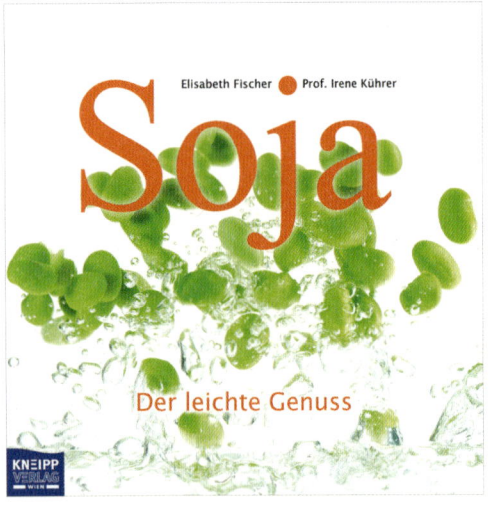

Elisabeth Fischer
Prof. Irene Kührer

Soja – Der leichte Genuss

192 Seiten
ISBN 978-3-7088-0041-5
EUR 19,90

Das große Kochbuch über die kleine Bohne! Schlemmen und schlank bleiben. Wunderbar speisen und damit die Schönheit von innen heraus pflegen. Die kleine Bohne hat wahrlich eine große Wirkung. Das Buch beschreibt die Vielzahl der Sojaprodukte und wie sich diese zu leckeren Rezepten verarbeiten lassen.

www.kneippverlag.com

Dr. Christian Matthai

Detox your Life
Wie Sie Ihren Körper beim Entgiften unterstützen und sich von Belastungen befreien

144 Seiten, farbig, Taschenbuch
ISBN 978-3-7088-0526-9
EUR 14,95

Mit dem Thema „Detox" bzw. „Entgiften" hat Lifestyle-mediziner Dr. Christian Matthai den Zeitgeist perfekt getroffen. Deshalb gibt es seinen Spitzentitel nun als Taschenbuch. Das Buch zeigt, wie man seinen Körper beim Entgiften unterstützen kann und welche Nahrungs-mittel die besten Detox-Waffen gegen freie Radikale sind. Ergänzt wird das Buch durch wertvolle Tipps, kulinarische Detox-Rezepte und einen Detox-Wochenplan.

Dr. med. Christian Matthai

Schlank durch Hormonbalance
Mit körpereigenen Hormonen spielerisch abnehmen

144 Seiten, farbig, Softcover
ISBN 978-3-7088-0552-8
EUR 14,99

Nutzen Sie die Kraft der körpereigenen Hormone, z.B. die des Wachstumshormons, das uns im Schlaf abnehmen hilft. Besonders stark ist seine fettabbauende Wirkung, wenn nach 17 Uhr keine Kohlenhydrate mehr gegessen werden. Dr. Christian Matthai zeigt, wie Hormone und Gewicht zusammenhängen, aus welchen Zutaten man leckere, kohlenhydratarme Köstlichkeiten zuberei-ten kann und welche Fitnessübungen die Kilos zusätzlich purzeln lassen.

ganzheitlich – wissenschaftlich fundiert – offen für neues

Im Rahmen seiner Facharztausbildung an der Abteilung für gynäkologische Endokrinologie und Reproduktionsmedizin des Wiener AKH beschäftigte sich Dr. Christian Matthai intensiv mit der Lehre der Hormone und allen damit zusammenhängenden Krankheitsbildern und Therapiemöglichkeiten. Neben diesem Spezialgebiet gehören die Ernährungs-, die Sport- und die Vitalstoffmedizin heute zu den Expertisen des Mediziners.

Aus der festen Überzeugung, dass die Bereiche Hormone, Ernährung, Bewegung und Vitalstoffe einerseits für uns lebenswichtig sind und sich andererseits gegenseitig beeinflussen, betreut Dr. Matthai alle seine Patientinnen und Patienten immer ganzheitlich und umfassend aus einer Hand.

In seiner eigenen Praxis steht er als Frauenarzt, als Ernährungsexperte für Menschen, die abnehmen und sich gesund ernähren wollen, sportmedizinisch als Personal Trainer und als Experte für Vitalstoffmedizin, wenn es um die Ergänzung von Vitaminen und Spurenelementen geht, gerne zur Verfügung. Der Tätigkeitsbereich von Dr. Christian Matthai umfasst die Gebiete Lifestyle- und Präventionsmedizin, Well-Aging, Hormonstörungen und allgemeine Gynäkologie inklusive Kinderwunsch, Ernährung, Sport und Nahrungsergänzungsmittel.

Dr. Christian Matthai
Obkirchergasse 43/6
A-1190 Wien
tel. +43 (0)1 925 47 51
office@matthai.at
www.matthai.at